y2 65717

Paris
1825

Schiller, Frederich von

Séjour à Venise

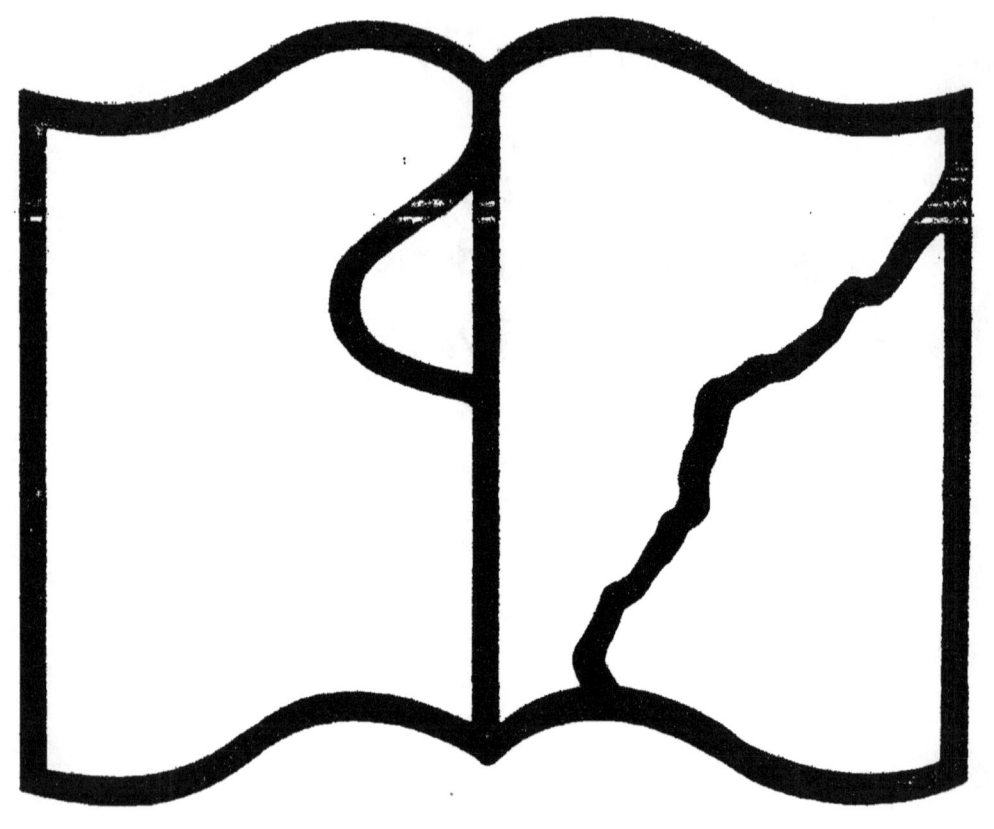

**Symbole applicable
pour tout, ou partie
des documents microfilmés**

Texte détérioré — reliure défectueuse

NF Z 43-120-11

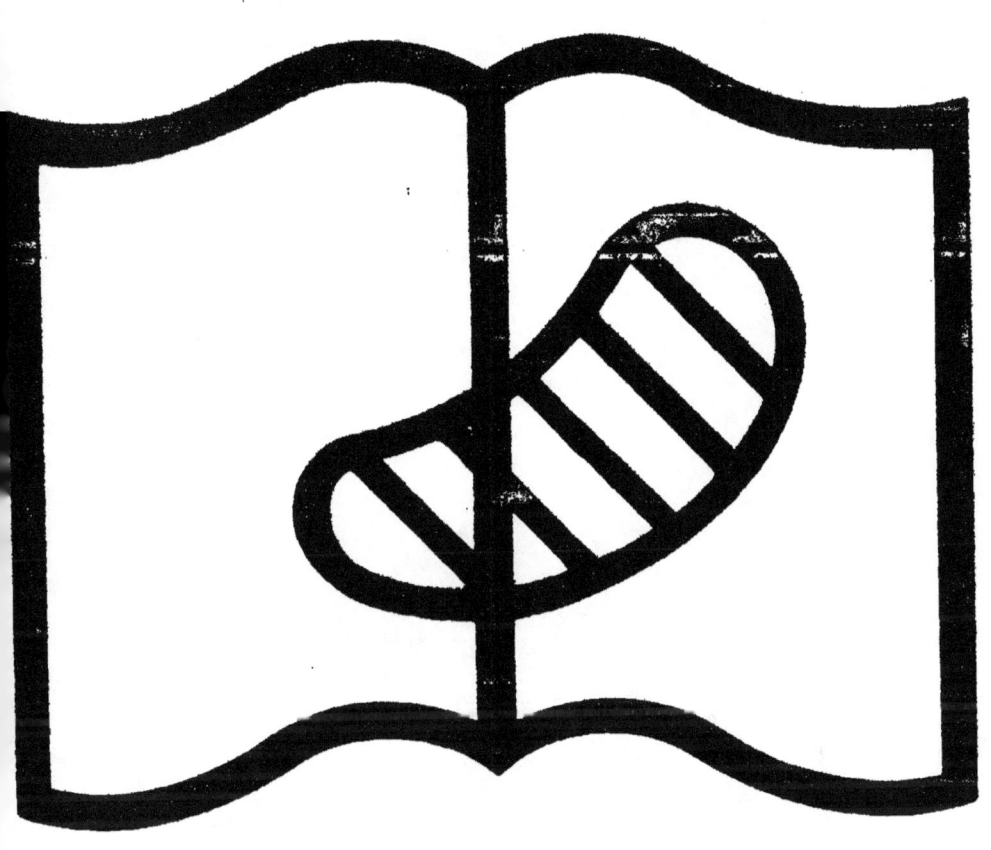

Symbole applicable
pour tout, ou partie
des documents microfilmés

Original illisible

NF Z 43-120-10

SÉJOUR

A VENISE,

PAR SCHILLER,

TRADUIT DE L'ALLEMAND

PAR M***.

*

A PARIS,

CHEZ L'ÉDITEUR, RUE DE GRENELLE St. G., N° 38;
ET VERNAREL ET TENON, LIBRAIRES,
RUE HAUTEFEUILLE, N° 30.

1823.

SÉJOUR
A VENISE.

271

SÉJOUR
A EU...

IMPRIMERIE DE LEBEL, IMPRIMEUR DU ROI,
Rue d'Erfurth, n° 2, à Paris.

SÉJOUR
A VENISE,

PAR SCHILLER;

TRADUIT DE L'ALLEMAND

PAR M***.

PARIS,
RUE DE GRENELLE-SAINT-GERMAIN, N° 38;
ET VERNAREL ET TENON, LIBRAIRES,
RUE HAUTEFEUILLE, N° 30.
1825.

NOTICE

SUR SCHILLER.

Jean-Christophe-Frédéric Schiller naquit, le 10 novembre 1759, à Norbach, petite ville de la Souabe, dans le royaume de Wurtemberg. Son père était un ancien officier, que le prince régnant aimait et estimait beaucoup. Il a vécu assez d'années pour être témoin de la gloire de son fils.

La mère du jeune poète était fille d'un boulanger. Schiller fut le dernier de ses enfans : il lui ressembla beaucoup. Ses cheveux étaient roux ; sa figure était d'une extrême pâleur, mais douce, expressive et noble. Ses premières études furent dirigées par le pasteur *Moser*, du village *Lorch*. Le jeune homme montra d'abord une sorte de prédilection pour l'état ecclésiastique ; mais ses études, et les opinions qu'elles amenèrent, détruisirent en lui ces dispositions : il n'y revint jamais.

D'une constitution faible, timide à l'excès, inhabile à tous les exercices du corps, il s'éloigna des jeux de son âge, et laissa percer dès sa plus tendre jeunesse son goût pour la solitude et la rêverie. Les règles conventionnelles du monde froissèrent son âme simple : il s'en montra l'ennemi irréconciliable.

Les premiers vers de SCHILLER datent de l'époque de sa *Confirmation*. Ses jeunes muses furent *la religion* et l'amour qu'il portait à sa mère.

Arrivé à l'âge où l'on choisit une carrière, on le contraignit à aller achever ses études dans un établissement public fondé par le duc de Wurtemberg. On le destina d'abord à l'étude de la jurisprudence; mais le prince changea d'avis, et lui fit étudier la médecine. Il fallut se résigner.

Mais la discipline sévère de l'école exerça la plus fâcheuse influence sur le caractère fier et mélancolique de Schiller. Elle remplit son âme d'une vive haine contre les pouvoirs de la société. Ces impressions lui fournirent alors le célèbre drame des *Brigands*, publié en 1781, et dans lequel il a déposé toute l'amertume de sa longue et juste colère. Cet ouvrage eut un succès prodigieux. Son effet sur les esprits fut tel que l'on vit des étudians allemands se faire *brigands*, dans le but de réformer la société.

Dès ce moment, la carrière de Schiller fut tracée : il se livra au travail du théâtre, et abandonna la médecine.

A la suite de plusieurs plaintes graves, relativement au drame des *Brigands*, le jeune poëte reçut, au nom du duc, l'injonction formelle de reprendre ses études de médecine. Schiller, qui ne voulait point obéir, quitta sa famille et sa patrie, et se réfugia, sous un nom supposé, chez la mère d'un de ses amis. C'est là que les muses consolèrent quelques instans sa jeunesse agitée, et lui donnèrent le repos, qui s'était éloigné de ses premières années. Les bienfaits du baron d'Alberg l'attirèrent ensuite à Manheim, et sa réputation s'agrandit par la publication de plusieurs ouvrages.

L'existence de Schiller, à cette époque, devint extrêmement pénible : ses doutes sur la religion se développèrent. Il se mit à réfléchir de nouveau sur l'utilité des liens religieux par rapport à la société. Mais dans ce temps, une passion qu'il éprouva pour la femme d'un condisciple, et qu'il eut la force de vaincre, commença à affaiblir ces désolantes incertitudes. Cette résolution lui rendit quelque chose de son ancienne foi. Il alla de nouveau à la campagne, reprendre ses occupations paisibles et chéries.

Après beaucoup de veilles, et la publication d'ouvrages déjà marquans, SCHILLER épousa mademoiselle *Langenfels*, dans la famille de laquelle il avait été reçu quelques années auparavant, avec la plus touchante bonté.

Depuis, il s'occupa avec activité

d'histoire, de littérature dramatique, de poésie, de romans, de traductions, etc. Il n'écrivit plus avec la fougue audacieuse qui avait donné une célébrité si déplorable à ses premiers écrits.

La santé de SCHILLER s'altéra en 1791 : il tomba grièvement malade. Le bruit de sa mort se répandit même en Allemagne, et y excita des regrets universels. La joie fut très-vive lorsqu'on démentit ce bruit.

Sa renommée était déjà sortie de l'Allemagne : les rois lui accordèrent des pensions, et les peuples lui donnèrent la gloire, la plus haute récompense du génie.

Schiller séjourna long-temps à Weimar. Il y vécut comblé des faveurs de la cour, admiré de ses concitoyens et des hommes éclairés de l'étranger. Il était personnellement le meilleur des hommes; et il fut très-aimé. Sa famille, ses condisciples et ses protecteurs, chérissaient son caractère. Il avait trouvé le bonheur au milieu de cette société, et dans les occupations que lui avait créées son génie. C'est au sein de tout ce qu'il aimait que la mort est venue le frapper.

Une fièvre catarrhale l'épuisa en

peu de jours. Il mourut le 9 mai
1805. Il n'était âgé que de quarante-
cinq ans. Sa fin fut douce : peu
d'heures avant d'expirer, il répondit à madame *Wollzogen*, la sœur
de sa femme, qui lui demandait
comment il se trouvait « Toujours
plus tranquille. » Ce peu de mots
renferme l'histoire de sa vie. C'était
en s'étudiant avec bonne foi, en
combattant sans cesse les bizarreries
de sa vive imagination, qu'il avait
atteint cette tranquillité d'âme.

Ce fut pendant la nuit que, sans
aucune pompe (ainsi qu'il l'avait
demandé), ses amis le firent enter-
rer. On raconte que durant la mar-

che du convoi de sombres nuages parurent dans le ciel, et le voilèrent, et qu'au moment où la fosse fut ouverte, quelques pâles rayons de la lune vinrent se refléter sur le cercueil du grand poète.

SÉJOUR

A VENISE.

Je raconte une aventure qui paraîtra incroyable à beaucoup de gens, et dont j'ai été en grande partie témoin oculaire. Elle offrira des éclaircissemens précieux au petit nombre de personnes qui sont instruites d'un certain événement politique; si pourtant cet écrit les trouve encore en vie. Mais, sans avoir besoin de cette clef, les auteurs pourront la regarder comme digne de faire partie de l'histoire des erreurs et des illusions de l'imagination humaine. On sera étonné de l'audace de l'entreprise que la méchanceté est capable de concevoir et de suivre. On sera étonné des moyens qu'elle peut employer pour parvenir à son but. La pure, la simple vérité seule guidera ma plume : lorsque cet écrit verra le jour je ne serai plus, et jamais je ne serai témoin de son sort.

Ce fut à mon retour de Courlande, en 17.., pendant le carnaval, que je rencontrai à Venise le prince de..... Nous avions fait connaissance au service de...., et nous renouvelâmes là une liaison que la paix avait interrompue. Comme je désirais voir ce qu'il y a de remarquable dans cette ville, et comme le prince attendait encore des lettres de change, il ne lui fut pas difficile de me persuader de lui tenir compagnie, et de différer quelque temps mon départ. Nous résolûmes de ne nous point séparer aussi long-temps que durerait notre séjour à Venise, et le prince eut la complaisance de m'offrir son propre logement à l'*Auberge du Maure*.

Il y vivait dans le plus strict incognito, d'abord parce que son goût le portait à vivre ainsi, et ensuite parce que la modicité de son apanage ne lui eût pas permis de soutenir dignement son rang. Deux cavaliers, sur la discrétion desquels il pouvait entièrement compter, composaient, avec quelques fidèles domestiques, toute sa suite. Il évitait la dépense par caractère, et non par avarice. Il fuyait les plaisirs. Jusqu'à l'âge de trente-cinq ans il avait résisté à tous les attraits de cette ville voluptueuse. La grandeur de son nom lui était indifférente : un sérieux profond et une mélancolie vague dominaient dans son caractère. Ses inclinations étaient paisibles, mais tenaces outre mesure; son choix timide et lent, son attachement plein de chaleur et éternel. Au milieu de la foule et du bruit, il était solitaire : lancé dans un monde imaginaire, qu'il s'était créé à lui-même, il était très-souvent étranger au monde réel ; et, comme il savait combien il était mauvais observateur, il s'interdisait tout jugement et exagérait d'une manière étrange l'idée de la justice. Personne n'était moins faible que lui, et personne n'était plus fait pour être dominé. Aussi était-il opiniâtre et inflexible dès qu'il était persuadé ; et avec le même courage il serait mort en combattant un préjugé reconnu, ou en en défendant un autre.

Troisième prince de sa maison, il n'avait aucune espérance probable d'arriver au trône : son ambition n'avait jamais été éveillée; ses passions avaient pris une tout autre direction.

Satisfait de n'avoir à dépendre d'aucune volonté étrangère, il ne proposait pour loi la sienne à personne. Le repos d'une vie privée, exempte de contrainte, bornait tous ses vœux. Il lisait beaucoup, mais sans choix; une éducation indolente, et la vie militaire commencée de bonne heure, n'avaient point mûri son esprit. Toutes les connaissances qu'il acquérait ne faisaient qu'augmenter le chaos de ses idées, parce qu'elles n'avaient aucune base solide.

Il était protestant, comme toute sa famille; il l'était de naissance, et non point en vertu de réflexions auxquelles il ne s'était jamais livré, quoiqu'à une certaine époque de sa vie il eût eu plus de chaleur que depuis sur ces sortes de sujets. Il n'a jamais été, que je sache, franc-maçon.

Un soir que, suivant notre coutume, nous nous promenions masqués sur la place de Saint-Marc, il commençait à se faire tard, et la foule s'était écoulée, le prince remarqua qu'un masque nous suivait partout; ce masque était seul et habillé en Arménien. Nous pressâmes le pas, et nous cherchâmes à l'égarer par les détours que nous fîmes; mais ce fut en vain, il se tint toujours derrière nous.

« N'avez-vous ici aucune intrigue?

me dit le prince. Les maris sont dangereux à Venise.

— Je ne connais aucune dame, lui répondis-je.

— Asseyons-nous et parlons haut, continua-t-il; sans doute qu'il se trompe. »

Nous nous assîmes sur un banc de pierre, et nous attendîmes que le masque continuât son chemin; mais il vint droit à nous, et prit place à côté du prince. Ce dernier tira sa montre, et, se levant, il me dit haut et en français : « Neuf heures passées ! Venez, nous oublions qu'on nous attend au palais. » Il ne parlait ainsi que pour éloigner le masque de dessus nos traces. « Neuf heures ! » répéta celui-ci, lentement et avec un accent rempli d'expression. « Félicitez-vous, prince; » et en même temps il le nomma par son vrai nom. « A neuf heures il est mort. » En même temps il se leva, et s'en alla. Nous nous regardâmes avec surprise. « Qui est mort ? me dit enfin le prince, après un long silence. — Suivons-le, lui répondis-je, et demandons-lui des éclaircissemens. » Nous parcourûmes dans tous les sens la place de Saint-Marc, le masque fut introuvable. Nous retournâmes, peu satisfaits, à notre auberge. Le prince ne me parla point; mais il marchait seul, et paraissait éprouver des combats intérieurs très-violens, comme en effet il me l'a avoué depuis. Il n'ouvrit la bouche que lorsque nous fûmes à la maison. « Il est pourtant ridicule, me dit-il, qu'un insensé puisse avec deux mots venir troubler le repos d'un homme. » Nous nous souhaitâmes une bonne nuit, et, rentré dans ma chambre, je notai sur mes tablettes le jour et l'heure où cette aventure nous était arrivée. C'était un jeudi.

Le lendemain, lorsque le soir fut venu, le prince me dit : « Ferons-nous un tour de promenade sur la place de Saint-Marc pour chercher notre mystérieux Arménien? J'ai un grand désir de voir la suite de cette comédie. » J'y consentis. Nous restâmes jusqu'à onze heures sur la place, sans trouver l'Arménien. Nous fîmes la même chose les quatre jours suivans, et avec aussi peu de succès.

Le sixième soir, lorsque nous quittâmes l'hôtel, j'eus l'idée (je ne me souviens plus si je le fis à dessein) de dire aux domestiques où ils nous trouveraient si on nous demandait. Le prince remarqua mon attention, et la loua en souriant. Il y avait beaucoup de monde sur la place de Saint-Marc lorsque nous y arrivâmes. Nous avions à peine fait trente pas, que j'aperçus l'Arménien, qui tâchait de se faire jour au travers de la foule, et qui semblait chercher quelqu'un des yeux. Nous pensions à le joindre, lorsque le baron, chef de la suite du prince, arriva à nous, tout hors d'haleine, et remit au prince une lettre.

« Elle est cachetée de noir, lui dit-il, nous avons cru qu'elle pressait. » Ces paroles furent pour moi comme un coup de tonnerre. Le prince s'approcha d'un flambeau et se mit à lire. « Mon cousin est mort, dit-il. — Quand ? » répondis-je sur-le-champ. Il regarda la lettre une seconde fois : « Jeudi dernier, à neuf heures du soir. »

Nous n'avions pas eu le temps de revenir de notre étonnement, que l'Arménien était déjà près de nous. « Vous êtes connu ici, Monseigneur, dit-il au prince, hâtez-vous de retourner *au Maure*, vous y trouverez les députés du sénat; ne vous faites point scrupule de recevoir les honneurs qu'on voudra vous rendre. Le baron de F...... a oublié de vous dire que vos lettres de change sont arrivées...» Et il se perdit dans la foule.

Nous retournâmes en hâte à notre hôtel. Tout se trouva comme l'Arménien nous l'avait annoncé. Trois nobles de la république étaient là pour recevoir le prince et l'accompagner à l'assemblée où l'attendait la haute noblesse de la ville. Il eut à peine le temps de me faire entendre par un regard que je devais veiller et l'attendre.

Il revint à onze heures du soir. Il entra sérieux et pensif dans la chambre, puis, ayant renvoyé les domestiques, et me saisissant par la main, il m'adressa ces paroles d'*Hamlet :* « Chevalier, il y a dans le ciel et sur la terre plus de choses que nous ne pouvons en imaginer dans nos rêves philosophiques !

— Monseigneur, lui répondis-je, on dirait que vous oubliez que vous allez vous coucher plus riche d'une grande espérance.... » Le mort était le prince héréditaire.

« Ne vous moquez pas de moi, me dit le prince ; si une couronne m'était tombée en partage, j'aurais maintenant autre chose à faire qu'à m'occuper de semblables bagatelles. Et si l'Arménien n'a pas même deviné ?

— Est-ce possible? prince, lui répondis-je.

— Je suis toujours prêt à vous céder toutes mes espérances de souveraineté pour le froc d'un moine. »

Je rapporte ces détails avec exactitude, parce que je crois qu'ils peuvent prouver combien il était alors éloigné de toute idée de régner.

Le lendemain, au soir, nous nous trouvâmes sur la place de Saint-Marc plus tôt que de coutume. Une légère pluie nous obligea de nous retirer dans un café où l'on jouait. Le prince se plaça derrière la chaise d'un Espagnol, et le regarda jouer. Pour moi, je passai dans une chambre voisine, où je me mis à lire les gazettes. Un instant après j'entendis du bruit. Avant l'arrivée du prince, l'Espagnol était toujours en perte, et maintenant il gagnait sur toutes les cartes. Tout le jeu était changé, et la banque était en péril d'être ruinée par le ponteur, que cette heureuse veine avait rendu plus hardi. Un Vénitien, qui les observait, se mit à dire, en regardant le prince : « C'est lui qui trouble la fortune, il faut qu'il quitte la table. » Le prince se contenta de le regarder froidement et resta. Il garda la même posture lorsque le Vénitien recommença en français le même discours. Celui-ci crut alors qu'il n'entendait aucune des deux langues, et, se tournant vers les assistans avec le sourire du dédain : « Dites-moi donc, messieurs, comment je puis faire pour me faire comprendre de ce balourd ? » En même temps il se leva, et se mit en devoir de prendre le prince par le bras ; mais ce dernier perdit patience : il saisit le Vénitien, et l'étendit à ses pieds. Aussitôt toute la maison est en rumeur ; j'accour sans bruit, et, sans le vouloir, j'appelle le prince par son nom. « Prenez garde à vous, prince, ajoutai-je inconsidérément, nous sommes à Venise. » Le nom de prince produisit un silence général, bientôt suivi d'un murmure, qui me parut annoncer quelque péril. Tous les Italiens qui étaient là se réunirent en groupe à l'écart, puis ils quittèrent la salle l'un après l'autre, et nous restâmes seuls avec l'Espagnol et quelques Français.

« Vous êtes perdu, Monseigneur, dirent-ils, si vous ne quittez pas la ville sur-le-champ. Le Vénitien que vous avez si maltraité est bien assez riche pour payer un brave : il ne lui en coûtera que cinquante sequins pour vous faire sortir de ce monde. »

L'Espagnol s'offrit à aller chercher une garde pour la sûreté du prince, et à nous accompagner nous-mêmes jusqu'à notre logis. Les Français voulurent le faire aussi. Nous en étions là, et nous délibérions sur ce qu'il y avait à faire, lorsque la porte s'ouvrit, et nous vîmes entrer quelques serviteurs de l'*inquisition*; ils nous montrèrent un ordre de la régence, où il nous était ordonné à tous deux de les suivre sur-le-champ. Nous fûmes conduits sous une bonne escorte jusqu'au canal. Là, nous attendait une gondole, où nous entrâmes: avant d'en sortir, on nous banda les yeux. On nous fit monter un long escalier de pierre, et de là on nous conduisit sous une voûte fort longue, ainsi que je le conjecturai par les échos multipliés qui retentissaient sous nos pas. Enfin, nous arrivâmes à un autre escalier de vingt-six marches que nous descendîmes. Là, s'ouvrit devant nous une salle, où l'on nous ôta le bandeau qui couvrait nos yeux. Nous nous trouvâmes au milieu d'un cercle d'hommes âgés et vénérables, tous habillés de noir; la salle était peu éclairée, et le silence de la mort régnait partout. Un de ces vieillards, vraisemblablement l'inquisiteur d'État, s'approcha du prince, et lui dit d'un air solennel, en lui présentant le Vénitien :

« Reconnaissez-vous cet homme pour celui qui vous a offensé dans le café?

« Oui, » répondit le prince.

Alors, se tournant vers le prisonnier :

« Est-ce là la personne qu'aujourd'hui vous vouliez faire assassiner? »

Le prisonnier répondit : « Oui. »

A l'instant, le cercle s'ouvrit, et nous vîmes avec horreur la tête du Vénitien tomber de dessus ses épaules. « Etes-vous content de cette satisfaction? » demanda l'inquisiteur d'État. Le prince tomba sans connaissance dans les bras de son guide. « Allez maintenant, continua l'inquisiteur, d'une voix terrible, et soyez à l'avenir moins prompt à porter un jugement sur la justice de Venise. »

Nous ne pouvions imaginer quel était cet ami caché qui, en se servant du bras terrible de la justice, nous avait arrachés à une mort certaine. Tremblans encore de frayeur, nous retournâmes au logis. Il était minuit; le page Z... nous attendait avec impatience sur l'escalier.

« Que vous avez bien fait d'envoyer ! dit-il au prince, en nous éclairant; une nouvelle qu'avait apportée le baron de F... en revenant de la place de Saint-Marc, nous avait mis pour vous dans une inquiétude mortelle.

— J'ai envoyé ! moi ! quand? je ne sais rien de tout cela.

— Ce soir, à huit heures, vous nous avez fait dire que nous fussions sans inquiétude si vous restiez aujourd'hui plus tard.

Alors, le prince me regarda : « Auriez-vous pris cette précaution sans m'en avertir ? »

Je n'avais rien à lui répondre.

« Il faut bien que cela soit ainsi, monseigneur, car voici votre montre que vous avez renvoyée. » Le prince porta la main à son gousset, la montre n'y était point, et il reconnut celle qu'on lui montrait pour la sienne. « Qui a apporté cette montre? demanda le prince avec surprise.

— Un masque inconnu, habillé en Arménien, et qui s'est sur-le-champ éloigné. »

Nous restâmes là à nous regarder. « Que pensez-vous de cela? me dit enfin le prince, après un long silence. J'ai certainement à Venise un surveillant caché. »

La scène affreuse de la nuit donna

au prince une fièvre qui l'obligea à garder la chambre pendant huit jours. Durant ce temps, notre hôtel fut toujours rempli de gens du pays et d'étrangers qu'attirait le nom découvert du prince. Ils s'empressaient les uns et les autres de faire des offres de service, et nous remarquâmes avec plaisir que celui qui survenait causait toujours de l'inquiétude à celui qui nous quittait. Nous fûmes accablés de lettres d'attachement; chacun cherchait à se faire valoir à sa manière : il n'était plus question que de ce qui s'était passé à l'inquisition d'État. Comme la cour de.,... souhaitait que le départ du prince fût encore retardé, quelques banquiers de Venise reçurent la commission de lui payer des sommes considérables. Quant à lui, sa volonté était toujours de prolonger son séjour en Italie; et pour céder à ses prières, je résolus aussi de différer mon départ.

Aussitôt qu'il fut assez bien pour pouvoir quitter la chambre, le médecin lui conseilla de faire une promenade sur la *Brenta* pour se distraire un peu. Le temps était clair et la partie fut résolue. Comme nous allions monter sur la gondole, le prince s'aperçut qu'il lui manquait la clef d'une petite cassette qui renfermait des papiers très-importans. Aussitôt nous retournâmes pour la chercher. Il était bien certain d'avoir encore fermé sa cassette la veille, et depuis ce temps il n'était pas sorti de sa chambre; mais toutes nos recherches furent vaines; et il fallut les abandonner pour ne pas perdre trop de temps. Le prince, dont l'âme était au-dessus du soupçon, la regarda comme perdue et nous pria de n'en plus parler.

La promenade fut très-agréable. Un pays pittoresque, qui augmentait en richesse et en beauté à chaque sinuosité du fleuve; le ciel le plus serein, qui, au milieu du mois de février, représentait un jour du mois de mai; des jardins délicieux, et des maisons de campagne charmantes et sans nombre, qui bordaient les deux rives de la *Brenta;* derrière nous, la majestueuse Venise, avec ses cent tours, et sa forêt de mâts qui s'élevaient du sein des eaux; tout cela formait le spectacle le plus magnifique du monde. Nous nous laissâmes aller au charme de cette belle nature : toutes nos pensées prirent une teinte plus riante ; le prince même perdit sa gravité accoutumée et se livra avec nous aux jeux et à la gaîté. A peine étions-nous éloignés de deux milles de la ville, que nous fûmes surpris par les sons d'une musique agréable; elle partait d'un petit village où ce jour même se tenait une foire. Là se trouvait rassemblé du monde de toute espèce. Une troupe de jeunes garçons et de jeunes filles, parés d'habits de théâtre, vint au-devant de nous, en dansant une pantomime. L'invention était nouvelle; les grâces et la légèreté animaient tous leurs mouvemens. La danse n'était pas encore finie, lorsque celle qui la conduisait, et qui représentait une reine, se sentit comme arrêtée par un bras invisible. Elle resta là, et toute sa suite, comme privée de vie. La musique se tut; on n'eût pas entendu un souffle dans toute la troupe. Elle avait les yeux fixés contre terre et était plongée dans le plus profond engourdissement. Tout-à-coup, avec la fureur de l'enthousiasme, elle se lève, regarde autour d'elle: « Il y a un roi ici, » s'écria-t-elle; elle arrache la couronne de sa tête, et la pose aux pieds du prince. Tout ceux qui étaient là avaient les yeux attachés sur elle; et l'on fut long-temps incertain s'il y avait quelque sens à cette pantomime, tant on était abusé par la passion pleine de vérité de cette actrice !

Un battement de mains général interrompit enfin ce silence. Mes yeux cherchaient le prince; je m'aperçus qu'il n'était pas peu surpris, et qu'il se donnait de la peine pour échapper aux regards scrutateurs des assistans. Il jeta de l'argent à ces enfans, et se hâta de sortir de la foule.

A peine avions-nous fait quelques pas, qu'un vénérable cordelier, se faisant jour au travers du peuple, aborda le prince : « Monseigneur, lui dit-il, donnez un peu d'argent à la *Madone;* vous aurez besoin de sa protection. » Il dit cela d'un ton qui nous surprit. La foule s'était écartée.

Cependant notre suite s'était augmentée ; un Anglais, que le prince avait déjà vu à Nice; quelques marchands de Livourne, un chanoine allemand, un abbé français avec quelques dames, et un officier russe, nous accompagnaient. La physionomie du Russe avait quelque chose de tout-à-fait extraordinaire, qui attira notre attention. De ma vie je n'ai vu un visage d'homme où il y eût plus de traits distinctifs au premier abord, et moins de caractère, un air de bienveillance plus prévenant et un froid plus glacial. On eût dit que toutes les passions avaient agité le cœur de cet homme, et que toutes l'avaient abandonné. Il ne lui restait rien que le coup d'œil calme et perçant d'un homme consommé dans la connaissance des autres, et qui, d'un coup d'œil, voyait où tendait chaque chose. Cet homme singulier nous suivait de loin; mais il paraissait ne prendre que fort peu de part à tout ce qui se passait.

Nous arrivâmes devant une boutique où l'on tirait une loterie; les dames y mirent, nous suivîmes leur exemple. Le prince, lui-même, tira un lot; il gagna une tabatière. A l'instant où il l'ouvrit, je le vis reculer en pâlissant; la clef qu'il avait cherchée y était. « Qu'est-ce ceci? me dit le prince, au premier moment où nous fûmes seuls; une puissance supérieure s'attache à mes pas; un être qui sait tout m'accompagne. Il est invisible; je ne puis le fuir, et il me poursuit en tous lieux. Je veux chercher l'Arménien et tâcher d'obtenir là-dessus quelque lumière. »

Le soleil était près de se coucher, lorsque nous arrivâmes à une maison de plaisir, où il y avait un soupé servi. Le nom du prince avait augmenté notre suite, et l'avait portée jusqu'à seize personnes. Outre celles dont nous avons parlé, il y avait encore un virtuose de *Rome*, quelques Suisses, et un aventurier de *Palerme*, qui portait un uniforme et qui se donnait pour capitaine. Il fut résolu que l'on s'amuserait là toute la soirée, et que l'on reviendrait aux flambeaux. La conversation à table fut très-animée et le prince ne put s'empêcher de raconter l'aventure de la clef, qui causa un étonnement général. On disputa très-vivement sur cette matière. Les principaux de la compagnie décidèrent positivement que tous ces arts secrets et mystérieux n'étaient que des tours de passe-passe : l'abbé, qui avait déjà bu un peu de vin, défia au combat tout l'empire des esprits;

l'Anglais dit des blasphèmes; le musicien fit le signe de la croix pour écarter le diable; quelques-uns, du nombre desquels était le prince, furent de l'avis que l'on devait être fort réservé à porter son jugement sur ces sortes de choses. Pendant ce temps-là l'officier russe s'entretenait avec les dames et paraissait ne faire aucune attention à la conversation. Dans le fort de la dispute, on ne s'était pas aperçu que le Sicilien était sorti; au bout d'une petite demi-heure, il revint enveloppé dans un grand manteau, et se plaça derrière la chaise du Français.

« Vous, vous êtes vanté d'avoir le courage de tenir tête aux esprits, dit-il; voulez-vous en faire l'épreuve?

— Volontiers, dit l'abbé, si vous voulez vous charger de m'en faire venir un.

— Je vous le promets, répondit le Sicilien en se tournant vers nous, aussitôt que ces messieurs et ces dames nous auront laissés seuls.

— Pourquoi cela? s'écria l'Anglais; un esprit qui a du cœur ne doit pas craindre de se trouver en bonne compagnie.

— Au nom de Dieu! non! crièrent toutes ces dames, en se levant avec effroi de dessus leurs chaises.

— Faites venir l'esprit, dit l'abbé avec un air de bravoure, mais prévenez-le auparavant qu'il pourra entendre ici quelque chose de fort piquant. » Et en disant cela, il demandait son épée à l'un des convives.

« Vous pourrez faire comme vous voudrez, repartit froidement le Sicilien, si vous y trouvez encore quelque plaisir. » Ici il se retourna vers le prince.

« Monseigneur, lui dit-il, vous croyez que votre clef a été dans les mains d'un étranger; ne pouvez-vous conjecturer entre les mains de qui ?

— Non.

— Ne soupçonnez-vous personne ?

— J'ai bien là-dessus quelque idée.

— Reconnaîtriez-vous la personne, si on vous la montrait ?

— Sans doute. »

À ces mots, le Sicilien rejeta son manteau en arrière, et en tira un miroir, qu'il mit devant les yeux du prince.

« Est-ce lui ? »

Le prince recula avec effroi.

« Qu'avez-vous vu ? demandai-je.

— L'Arménien. »

Le Sicilien remit son miroir sous son manteau.

« Etait-ce là la personne que vous croyiez ? demanda toute la compagnie.

— C'est elle-même. »

Alors tous les visages changèrent; on cessa de rire, et tous les yeux se fixèrent avec curiosité sur le Sicilien.

« Monsieur l'abbé, la chose sera sérieuse ; je vous conseille de songer à la retraite.

— Le coquin a le diable au corps, s'écria le Français ; » et il s'échappa de la maison.

Les femmes se précipitèrent, en criant, hors de la chambre ; le virtuose les suivit ; le chanoine allemand dormait sur une chaise ; le Russe resta assis comme auparavant, avec tout l'extérieur d'une parfaite indifférence.

« Peut-être vouliez-vous seulement rendre ce fanfaron ridicule, se mit à dire le prince aussitôt qu'ils furent sortis ; ou bien aviez-vous véritablement envie de nous tenir parole ?

— Vous avez raison, dit le Sicilien : avec l'abbé, je ne parlais pas sérieusement. Je l'ai pris au mot, parce que je savais bien que ce poltron ne me mènerait pas loin. Au reste, la chose est trop sérieuse pour n'en faire qu'une simple plaisanterie.

— Vous prétendez donc toujours que vous avez cette puissance? »

Le magicien se tut pendant longtemps, et parut de ses yeux examiner le prince avec soin. « Oui, » répondit-il enfin.

La curiosité du prince était excitée au plus haut degré; le sujet dont il s'agissait avait toujours été sa passion la plus chère ; et la première apparition de l'Arménien avait réveillé dans son esprit toutes les idées qu'un jugement plus mûr et de meilleures lectures avaient depuis long-temps écartées. Il prit le Sicilien à part, et je l'entendis avoir avec lui un entretien fort animé.

« Vous voyez devant vous, continua-t-il, un homme qui brûle d'impatience d'être convaincu sur cette matière importante. Je serrerais dans mes bras comme mon bienfaiteur, comme mon premier ami, qui dissiperait mes doutes à cet égard, et qui me délivrerait du voile qui me couvre les yeux. Voulez-vous vous faire auprès de moi ce mérite extraordinaire?

— Que me demandez-vous?

dit le magicien, avec réflexion.

— Sur l'heure, une preuve de votre art ; faites-moi voir une apparition.

— Où cela nous conduira-t-il ?

— Vous pouvez juger, par ce que vous avez vu jusqu'à présent, si je suis digne d'une instruction plus élevée.

— Je vous estime au-dessus de tout, très-sérénissime prince ; une puissance secrète qu'exercent vos regards, et que vous-même ne connaissez pas encore, m'a attaché à vous d'une manière irrésistible à la première vue. Vous êtes plus puissant que vous ne le savez vous-même ; vous pouvez commander en souverain à toute ma puissance ; mais....

— S'il est ainsi, faites-moi voir une apparition.

— Mais il faut que je sois certain que ce n'est pas par curiosité que vous exigez cela de moi. Quoique les êtres invisibles soient soumis à ma volonté, ce n'est que sous la condition sacrée que jamais je n'abuserai de mon pouvoir.

— Mes motifs sont purs; je ne cherche que la vérité. »

Ils quittèrent alors leurs places, et allèrent à une fenêtre éloignée, où il ne me fut plus possible de les entendre. L'Anglais, qui avait aussi entendu cet entretien, me tira à part :

« Votre prince est un brave homme; cela me ferait de la peine pour lui. Je gagerais mon âme qu'il a affaire à un coquin.

— Il faut voir, lui dis-je, comment il s'en tirera.

— Savez-vous une chose? dit l'Anglais ; le pauvre diable va se faire fort cher ; il n'étalera sa science que lorsqu'il entendra sonner l'argent. Nous sommes neuf, faisons une collecte : cela lui cassera le cou et ouvrira peut-être les yeux au prince.

— Je le veux bien. »

L'Anglais mit six guinées sur une assiette, et la porta à la ronde ; chacun donna quelques louis. La proposition plut surtout singulièrement au Russe, qui mit dans l'assiette un billet de banque de cent sequins ; prodigalité qui effraya l'Anglais. Nous portâmes cette collecte au prince.

« Ayez la bonté, dit l'Anglais, d'intercéder auprès de monsieur pour qu'il veuille bien nous donner une preuve de son art, et accepter ce faible témoignage de notre reconnaissance. » Le prince mit une bague précieuse dans l'assiette et la présenta au Sicilien. Celui-ci réfléchit quelques instans. « Enfin, messieurs, nous dit-il, votre générosité me confond ; mais je ferai ce que vous désirez ; vos souhaits seront remplis. (Et en même temps il tira une sonnette.) Quant à cet or, auquel je n'ai aucun droit, vous me permettrez de le déposer dans le couvent de bénédictins le plus voisin, pour servir à des fondations pieuses. Je garde cette bague comme un monument précieux, et qui me fera souvenir du prince. »

Alors, arriva le maître de l'hôtel, à qui sur-le-champ il remit l'argent.

« C'est un fripon, me dit l'Anglais à l'oreille; il refuse l'argent, parce que c'est au prince qu'il en veut dans ce moment.

— Qui désirez-vous voir? » demanda le magicien au prince.

Celui-ci rêva un moment. « Parbleu, un grand homme! s'écria-t-il. Demandez le pape Ganganelli; cela ne coûtera pas plus, je le crois du moins. »

Le Sicilien se mordit les lèvres.

« Je ne puis faire venir personne qui ait été sacré.

— Cela est fâcheux, reprit l'Anglais ; peut-être aurions-nous pu apprendre de lui de quelle maladie il est mort ? »

Le prince prit la parole: « Le marquis de Lannoy était brigadier français dans la dernière guerre, et mon plus intime ami. Dans la bataille d'Hostenbeck, il reçut une blessure mortelle ; on le porta dans ma tente, où bientôt il mourut entre mes bras. Lorsqu'il luttait déjà avec la mort, il m'appela : « Prince, me dit-il, je ne reverrai plus ma patrie ; apprenez un secret, dont personne que moi n'a la clef. Dans un couvent, sur les frontières de la Flandre, vivait une.... » A ces mots il expira. La main de la mort coupa le fil de son discours. Je voudrais le voir et apprendre de lui la suite de ce qu'il avait à me dire.

— Bien trouvé, pardieu! s'écria l'Anglais; je vous déclare le plus grand sorcier de l'univers, si vous vous tirez de là. »

Nous admirâmes l'idée ingénieuse du prince, et nous y donnâmes unanimement les mains. Cependant le magicien parcourait la chambre à grands pas, et paraissait irrésolu, et luttant avec lui-même.

« Et voilà tout ce que le mourant a pu vous dire?

— Voilà tout.

— Le marquis de Lannoy était-il un homme vertueux? Je ne puis pas faire paraître tous les morts.

— Il est mort en se repentant des erreurs de sa jeunesse.

— Avez-vous gardé de lui quelque témoignage de souvenir?

— Oui; » et aussitôt le prince approche de lui une boîte où il y avait le portrait en miniature du marquis de Lannoy, et qu'il avait placé sur la table à côté de lui.

« Je ne veux pas savoir cela. Laissez-moi seul, vous verrez celui que vous avez perdu. »

Nous fûmes priés de nous retirer dans un autre pavillon et d'y rester jusqu'à ce qu'il nous appelât. Aussitôt il fit ôter tous les meubles de la salle, enlever toutes les fenêtres, et fermer exactement les volets. Il ordonna au maître de l'hôtel, avec lequel il paraissait fort lié, de lui apporter un vase avec des charbons rouges, et d'éteindre soigneusement tous les feux dans la maison. Au moment où nous partîmes, il prit de chacun de nous en particulier notre parole d'honneur de garder sur ce que nous verrions et entendrions, un silence éternel. Derrière nous, toutes les chambres de ce pavillon furent fermées au verrou.

Il était plus de onze heures et le silence de la mort régnait dans tout l'hôtel. Au moment où nous sortîmes, le Russe nous demanda si nous avions sur nous des pistolets chargés. — Pourquoi? lui dis-je. — Il faut prévoir les cas possibles, reprit-il; attendez un instant, je vais m'occuper de cela; » et il s'éloigna. Le baron de F... et moi nous ouvrîmes une fenêtre qui donnait sur le pavillon, et il nous sembla entendre deux hommes s'entretenant ensemble, et un bruit comme celui d'une échelle que l'on approcherait. Pourtant, ce ne fut qu'une conjecture, et je ne prendrais pas sur moi de rien affirmer. Le Russe revint au bout d'une demi-heure avec une paire de pistolets, et nous le vîmes les charger à balles. Il était près de deux heures lorsque le magicien reparut, et nous annonça qu'il était temps. Avant que nous entrassions, il nous fut ordonné d'ôter nos souliers et de ne garder que notre chemise, nos bas et nos caleçons; les portes furent fermées derrière nous comme la première fois.

Lorsque nous rentrâmes dans la salle, nous trouvâmes un cercle décrit avec du charbon et qui pouvait nous contenir tous les dix. Tout autour, le parquet était défait jusqu'aux murs de la salle, de sorte que nous étions comme dans une île. Un autel couvert d'un drap noir, et au pied duquel était étendu un tapis de satin rouge, était élevé au milieu du cercle. Une bible en langue chaldéenne était ouverte sur l'autel, à côté d'une tête de mort, et un crucifix d'argent y était attaché. Au lieu de cierges, de l'esprit de vin brûlait dans un vase d'argent. Une fumée épaisse d'huile obscurcissait la salle et étouffait presque les lumières. Le magicien était habillé comme nous ; mais il était pieds nuds. A son cou il portait une amulette, avec une chaîne de cheveux d'hommes, et autour de ses reins il avait un tablier blanc, sur lequel étaient tracés des chiffres mystérieux et des signes symboliques. Il nous fit donner la main l'un à l'autre et observer un profond silence ; surtout il nous recommanda de ne faire au spectre aucune question.

Il nous pria, l'Anglais et moi,

contre qui il paraissait avoir conservé de la défiance, de tenir deux épées nues, immobiles et en croix, à un pouce au-dessus de sa tête, aussi long-temps que la chose durerait. Nous nous plaçâmes autour de lui en formant une demi-lune. L'officier russe, qui était près de l'Anglais, touchait presque à l'autel. Le visage tourné vers l'orient, le magicien se plaça sur le tapis, jeta de l'eau bénite aux quatre coins du monde, et s'inclina devant la bible. La conjuration dura un demi-quart d'heure, et nous n'y comprîmes rien. A la fin, il fit signe à ceux qui étaient derrière lui de le prendre par les cheveux. Après une vive convulsion, il appela trois fois le mort par son nom, et la troisième fois il étendit ses mains vers le crucifix.

Tout-à-coup nous nous sentîmes tous frappés comme de la foudre, et nos mains se séparèrent. Un coup de tonnerre ébranla la maison. Toutes les serrures sonnèrent, toutes les portes battirent, le couvercle de la boîte se ferma, et sur le mur opposé, au-dessus de la cheminée, parut une figure humaine, avec une chemise sanglante, pâle, et ayant l'air d'un mourant.

« Qui m'appelle? dit une voix creuse, et que l'on entendait à peine.

— Ton ami, répondit le magicien, qui honore ta mémoire et qui prie pour ton âme; » et il nomma le nom du prince.

Les réponses se suivaient toujours à de longs intervalles.

« Que demande-t-il? continua la voix.

— Il veut enfin entendre de ta bouche les détails que dans ce monde tu as commencé à lui donner. Dans un couvent, sur les frontières de la Flandre, vi..... »

Ici, la maison trembla de nouveau, la porte s'ouvrit au milieu d'un coup de tonnerre, une vive clarté éclaira la chambre, et une autre figure sanglante et pâle comme la première, mais plus horrible, parut sur le seuil de la porte. L'esprit de vin recommença de lui-même à brûler, et la salle fut éclairée comme auparavant. « Qui est au milieu de nous ? s'écrie le magicien saisi d'épouvante, et il jeta sur l'assemblée un regard plein d'effroi. Je ne t'ai point appelé. » Le fantôme s'avança d'un pas lent et majestueux jusqu'auprès de l'autel, se plaça sur le tapis, vis-à-vis de nous, et saisit le crucifix. Nous ne vîmes plus la première figure.

« Qui m'appelle ? dit le second spectre. »

Le magicien commença à trembler avec violence. La surprise et la terreur nous avaient saisis ; je portai la main sur un pistolet, le magicien me l'arracha des mains et le tira sur le fantôme. La balle ne fit que rouler lentement sur l'autel, et le spectre sortit de la fumée sans avoir éprouvé aucun changement. Sur-le-champ, le magicien tomba sans connaissance.

« Qu'est-ce ceci ? » s'écria l'Anglais; et il voulait lui donner un coup d'épée.

Le spectre saisit sa main, et le fer tomba à ses pieds. La sueur couvrait mon front. Le baron de F.... nous avoua après qu'il avait prié. Pendant tout ce temps, le prince resta tranquille, sans témoigner la moindre crainte, et les yeux fixés sur l'apparition.

« Oui, je te reconnais, s'écria-t-il enfin avec attendrissement; tu es

Lannoy, tu es mon ami, d'où viens-tu ?

— L'éternité est muette; fais-moi des questions sur ma vie passée.

— Qui est-ce qui vit dans ce couvent que tu m'as indiqué ?

— Ma fille.

— Eh quoi ! tu étais père ?

— Malheur à moi, si je ne l'avais pas été !

— N'es-tu pas heureux, Lannoy ?

— Dieu me fait justice.

— Puis-je dans ce monde te rendre quelque service ?

— Aucun, si ce n'est de penser à toi.

— Comment puis-je le faire ?

— Tu l'apprendras à Rome. »

Alors nous entendîmes un nouveau coup de tonnerre. Une fumée noire remplit toute la salle ; lorsqu'elle fut dissipée, nous ne trouvâmes plus aucun spectre. J'ouvris une fenêtre; il était jour.

Aussitôt le magicien revint de son étourdissement: « Où sommes-nous? » s'écria-t-il dès qu'il revit la lumière du jour. L'officier russe se plaça derrière lui et se mit à regarder par-dessus son épaule. « Faiseur de tours de passe-passe, lui dit-il en lui lançant un regard terrible, tu n'évoqueras plus aucun esprit. »

Le Sicilien se retourna, le regarda en face, jeta un grand cri, et tomba à ses pieds.

Aussitôt nous reconnûmes tous à-la-fois le prétendu Russe. Le prince retrouva en lui, sans peine, tous les traits de son Arménien, et le mot qu'il voulait prononcer expira sur ses lèvres. Nous restâmes pétrifiés de terreur et de surprise. Immobiles, nous regardions cet être mystérieux qui nous lançait des regards pleins de force et de grandeur. Ce silence dura une minute, et puis encore une autre; on n'eût pas entendu un souffle dans toute la salle.

Quelques coups violens frappés à la porte nous firent enfin revenir à nous. La porte tomba fracassée en dedans de la salle, et des officiers de justice avec des soldats entrèrent.

« Nous les trouvons précisément rassemblés, dit le commandant en se tournant vers ceux qui l'accompagnaient. Au nom de la Seigneurie, nous cria-t-il, je vous arrête. » Nous n'eûmes pas beaucoup de temps pour délibérer, en peu d'instans nous fûmes entourés. L'officier russe, qu'à présent je nommerai l'Arménien, tira à part le commandant des archers; et, autant que cela me fut possible, dans ce trouble général, je remarquai qu'il lui disait quelques mots à l'oreille, et qu'il lui montrait quelque chose d'écrit. Aussitôt l'archer, sans lui dire un seul mot, lui fit une profonde révérence, et se tournant vers nous, il ôta son chapeau : « Pardonnez-moi, messieurs, nous dit-il, si j'ai pu vous confondre avec ce misérable. Je ne veux point demander qui vous êtes ; mais monsieur m'assure que j'ai devant moi des hommes d'honneur. » Aussitôt il fit signe à ses compagnons de nous laisser. Au contraire, il ordonna de lier le Sicilien, et de le bien veiller. « Le drôle, ajouta-t-il, est maître passé ; voilà déjà sept mois que nous le cherchons. »

Ce malheureux était devenu un objet de pitié, la terreur que lui avait causé la double apparition, et cet événement inattendu, avaient anéanti toutes ses facultés. Il se laissa garotter comme un enfant ; ses yeux, tout ouverts et fixes, se promenaient çà et là; son regard ressemblait à celui d'un mourant, ses lèvres tremblaient d'une manière convulsive, sans faire entendre aucun son. Nous nous attendions à chaque instant à un accès de convulsion. Le prince se sentit ému de compassion, et il essaya d'obtenir sa liberté de l'officier de justice, à qui il se fit connaître.

« Monseigneur, lui dit celui-ci, savez-vous quel est l'homme pour lequel vous vous intéressez si généreusement? La tromperie qu'il voulait vous faire est son moindre crime; nous avons ses suppôts entre les mains. Ils disent de lui des choses horribles. Il doit s'estimer heureux s'il en est quitte pour les galères. »

Sur ces entrefaites, nous aperçûmes le maître de l'hôtel, que l'on conduisait dans la cour, à côté de son hôte, et lié comme lui.

« Et celui-là ? s'écria le prince ; de quoi celui-là est-il donc coupable ?

— Il était son complice et son aide, répondit le commandant des archers ; il l'aidait dans tous ses tours de diablerie, dans toutes ses voleries, et il en partageait le profit avec lui ; vous allez, monseigneur, en être convaincu sur-le-champ ; et se tournant vers ses compagnons : « Que l'on fouille toute la maison, et que l'on me rende compte sur-le-champ de ce que l'on aura trouvé. »

Alors le prince regarda autour de

lui pour chercher l'Arménien, mais il n'y était plus : dans la confusion générale il avait trouvé moyen de s'échapper sans être remarqué. Le prince était désolé; il voulait envoyer tous ses gens à la recherche; il voulait lui-même courir après lui et m'emmener aussi. Je courus à la fenêtre, toute la maison était entourée de curieux, que la nouvelle de cet événement avait amenés là. Il était impossible de percer la foule; je le représentai au prince : « Si la volonté de cet Arménien est de se cacher, il connaît certainement les chemins mieux que nous, et toutes nos recherches seront vaines. Restons plutôt ici, monseigneur ; peut-être cet officier de justice pourra-t-il nous dire quelque chose de lui ; car, si j'ai bien vu tantôt, il s'est découvert à lui. »

Nous nous rappelâmes alors que nous étions encore déshabillés ; nous nous rendîmes dans nos chambres pour nous habiller en toute hâte. Lorsque nous revînmes, la recherche était terminée.

Lorsque l'autel eut été débarrassé, et le plancher de la salle ôté, on découvrit un vaste souterrain, où un homme pouvait se tenir debout ; il était fermé par une porte qui conduisait dans la cave, au moyen d'une petite trape. Dans ce souterrain, on trouva une machine électrique, une montre et une petite cloche d'argent, qui, aussi bien que la machine électrique, communiquaient avec l'autel et le crucifix qui était placé dessus. Un volet placé juste vis-à-vis la cheminée, était percé et fermé par un judas, afin de laisser passer dans l'ouverture, comme nous l'apprîmes depuis, une lanterne magique, qui répétait sur le mur de la cheminée la figure demandée. On apporta du grenier et de la cave différens tambours auxquels étaient attachées, à des cordes, de grosses boules de plomb, vraisemblablement pour produire le bruit du tonnerre que nous avions entendu. Lorsqu'on examina les habits du Sicilien, on trouva dans un étui différentes poudres, du mercure dans des fioles et des petites boîtes, du phosphore dans une bouteille de verre, un anneau que nous reconnûmes pour être aimanté, parce qu'il resta suspendu à un bouton d'acier, dont on l'approcha; dans une poche d'habit, un chapelet, une barbe de juif, des pistolets et un poignard. « Voyons s'ils sont chargés, » dit un des archers en prenant un des pistolets et le tirant dans la cheminée. « *Jesus! Maria!* » s'écria une forte voix d'homme, semblable à celle que nous avions entendue lors de la première apparition ; et dans le même moment nous vîmes un corps sanglant sortir de la cheminée. « Comment, pauvre âme, dit alors l'Anglais, point encore en repos ! va donc à ton tombeau, tu as paru ce que tu n'étais pas, maintenant il faut que tu sois ce que tu paraîtras. » Et cependant nous tirions de là ce corps avec effroi.

« *Jesus! Maria!* je suis blessé ! » reprit l'homme de la cheminée. Le coup lui avait fracassé la jambe droite; on s'occupa sur-le-champ à bander la blessure.

« Mais qui es tu ? et quel mauvais démon t'a amené ici ?

— Je suis un pauvre cordelier, répond le blessé; un étranger m'a offert un sequin, si je voulais... si je voulais réciter une seule phrase.

— Et pourquoi n'as-tu pas reparu sur-le-champ ?

— Il voulait me donner un sequin si je continuais ; mais le sequin est encore à venir ; et comme je voulais me lever, mon conducteur avait disparu. »

— Et quelle est la phrase qu'il t'avait apprise ? »

L'homme fut surpris alors d'une faiblesse, en sorte qu'il ne fut plus possible d'en tirer un mot. Cependant le prince s'était tourné vers le commandant des archers : « Vous nous avez, dit-il en pesant dans ses mains quelques pièces d'or, vous nous avez sauvés des mains d'un fourbe, et vous nous avez rendu justice sans nous connaître. Mais voulez-vous rendre les obligations que nous vous avons encore plus grandes, découvrez-nous quel était cet inconnu à qui il n'en a coûté que deux mots pour nous mettre en liberté. — De qui parlez-vous? demanda le commandant des archers, avec un air qui signifiait clairement que la question était inutile.

— Je parle de l'homme en uniforme russe, qui vous a tiré à part, vous a montré un papier écrit, et vous a dit quelques mots à l'oreille, après quoi nous avons été libres.

— Ne connaissez-vous pas cet homme? demanda encore l'archer; n'était-il pas de votre société?

— Non, dit le prince ; et pour d'importantes raisons je souhaiterais de le connaître particulièrement.

— Particulièrement! répondit l'archer, je ne le connais pas de cette manière; son nom même m'est inconnu, et je l'ai vu aujourd'hui pour la première fois de ma vie.

— Comment! et en si peu de temps, avec deux mots il a eu sur vous assez de pouvoir pour que vous nous reconnaissiez, nous et lui, innocens?

— Il ne lui a fallu pour cela qu'un mot.

— Et ce mot était....? J'avoue que je désire le savoir.

— Cet homme inconnu, monseigneur...... et il pesait les sequins dans sa main. Vous avez été trop généreux à mon égard, pour que je vous en fasse plus long-temps un secret; cet inconnu était un officier de l'inquisition.

— De l'inquisition! cet homme là?

— Rien autre chose, monseigneur; et c'est ce que m'a prouvé le papier qu'il m'a montré.

— Cet homme! dites-vous? cela n'est pas possible.

— Je vous dirai encore plus, monseigneur, c'est sur sa dénonciation que j'ai été envoyé ici pour arrêter cet exorciseur d'esprits. »

Nous nous regardâmes avec la plus grande surprise.

« Ah! nous avons la clef, s'écria enfin l'Anglais, de cet effroi qui saisit le pauvre diable de conjurateur; lorsqu'il le regarda en face, il le reconnut pour un espion, et voilà pourquoi il jeta un cri et tomba à ses pieds.

— Point du tout, reprit le prince, cet homme est tout ce qu'il veut, et tout ce que le moment exige qu'il soit. Ce qu'il est en cet instant, le Fils de l'homme ne peut le savoir. Voyez-vous le Sicilien tomber privé de sentiment lorsqu'il lui a crié ces mots dans les oreilles : « Tu ne feras plus paraître d'esprits ! » Il y a quelque chose là-dessous ; on ne persuadera jamais que ce qui n'est qu'humain puisse causer un pareil effroi.

— Cela étant, dit le lord, le magicien pourra bien mieux nous instruire sur cela, si monsieur (en se tournant vers le commandant des archers) veut nous fournir les moyens de parler à son prisonnier. »

Le commandant des archers nous le promit, et nous convînmes avec l'Anglais que le lendemain nous irions le trouver. Puis, sur-le-champ, nous retournâmes à Venise.

Le lendemain, de bonne heure, lord Seymour (c'était le nom de l'Anglais) se trouva là, et bientôt après parut une personne de confiance, que l'officier de justice avait envoyée pour nous conduire au prisonnier.

J'ai oublié de raconter que, depuis quelques jours, le prince se plaignait d'avoir perdu un de ses chasseurs, né à Brême, qui l'avait très-bien servi pendant plusieurs années, et qui possédait toute sa confiance. Personne ne savait s'il avait péri malheureusement, s'il avait volé, ou s'il s'était enfui. Quant aux deux dernières suppositions, il n'y avait pas la moindre vraisemblance, parce qu'il s'était toujours comporté en homme honnête et sage, et qu'il n'y avait aucun défaut à lui reprocher. Tout ce que pouvaient se rappeler ses camarades, c'était que, dans les derniers temps, il était fort mélancolique, et que, lorsqu'il pouvait saisir un instant, il allait dans la Guidecca, à un certain couvent de frères mineurs, où il se promenait souvent avec quelques frères. Cela nous fit naître l'idée que peut-être il était tombé entre les mains des prêtres, et s'était fait catholique; et comme sur ce point le prince pensait avec beaucoup de tolérance, ou même d'indifférence, il s'en était tenu là après quelques recherches infructueuses. Cependant il était chagrin de la perte de cet homme, qui, dans ses campagnes, avait toujours été à ses côtés, s'était toujours montré fidèle, et qu'il n'était pas facile de remplacer en pays étranger. Ce jour même, comme nous nous disposions à partir, le banquier du prince se fit annoncer; il lui avait été donné commission de chercher un nouveau domestique. Il en présenta un au prince, de bonne mine, bien mis, de moyen âge, et qui avait été long-temps au service d'un procureur en qualité de secrétaire : il parlait français et aussi un peu allemand; au reste, il était muni des meilleurs témoignages. Sa physionomie plut, et comme il déclara qu'il s'en rapportait pour les gages à la volonté du prince, il entra sans délai à son service.

Nous trouvâmes le Sicilien dans une prison particulière, où, pour plaire au prince, à ce que nous dit l'officier de justice, il avait été transporté avant d'être conduit dans les *plombs,* dont l'accès n'est plus ouvert. Ces plombs sont la plus terrible prison de Venise; ce sont les voûtes du palais de Saint-Marc, où les malheureux criminels souffrent quelquefois jusqu'à la frénésie d'un soleil ardent qui darde ses rayons sur les tuiles.

Le Sicilien s'était remis de l'événement qui lui était arrivé, et il se leva respectueusement lorsque le prince parut. Il avait une jambe et une main enchaînées, mais il pouvait marcher librement dans la chambre. Dès que nous entrâmes, la garde s'éloigna et se plaça devant la porte.

« Je viens, dit le prince, vous demander un éclaircissement sur deux points; pour l'un, vous me le devez; il ne vous arrivera aucun mal de me satisfaire sur l'autre.

— Mon rôle est joué, répondit le Sicilien, mon sort est entre vos mains.

— La sincérité peut seule adoucir votre destin.

— Demandez, monseigneur, je suis prêt à répondre, car je n'ai plus rien à perdre.

— Vous m'avez fait voir dans votre miroir la figure d'un Arménien; comment l'avez-vous imitée?

— Ce n'est point un miroir que vous avez vu. Un simple portrait en pastel, placé sous un verre, et qui représentait un homme en habit d'Arménien, vous a trompé. Ma promptitude, l'obscurité du crépuscule, votre surprise, ont aidé ma fraude. Le portrait se trouvera avec les effets qui ont été saisis dans l'auberge.

— Mais comment avez-vous pu si bien comprendre ma pensée pour deviner sur-le-champ l'Arménien?

— Cela n'était pas difficile, monseigneur; sans doute vous vous êtes ouvert à table, en présence de vos domestiques, sur l'aventure qui est arrivée entre l'Arménien et vous. Un de mes gens a fait par hasard connaissance dans la Guidecca avec un chasseur duquel il a su tirer petit à petit ce qu'il m'était nécessaire de savoir.

— Où est ce chasseur? demanda le prince; il me manque, et certainement vous savez quelque chose de sa disparition.

— Je vous jure, monseigneur, que je n'en sais pas la moindre chose ; je ne l'ai même jamais vu, et je n'ai jamais eu avec lui d'autres rapports que ceux que je vous ai dits.

— Continuez, dit le prince.

— Sur ces entrefaites, j'eus la première connaissance de votre séjour et de vos aventures à Venise, et sur-le-champ je pris la résolution de les mettre à profit. Vous voyez, monseigneur, que je suis sincère ; je sus de vous-même votre projet de promenade sur la Brenta ; je m'en occupai, et une clef qu'il vous arriva de laisser tomber, me donna la première occasion d'essayer sur vous mon art.

— Comment! je m'étais trompé à

ce point !..... La petite boîte avec la clef étaient votre ouvrage et non celui de l'Arménien ! La clef, dites-vous, je l'avais laissé tomber ?

— Lorsque vous tirâtes votre bourse, et je saisis le moment où personne ne m'observait, pour mettre vite le pied dessus. La personne chez qui vous prîtes des billets de loterie était d'intelligence avec moi ; elle vous fit tirer dans un sac où il n'y avait point de billets blancs, et la clef était depuis long-temps dans la boîte, lorsqu'elle revint en votre possession.

— A présent, je commence à comprendre. Et le carme déchaussé, qui se jeta dans mon chemin, et qui me parla d'un ton si solennel ?

— Était le même qui, à ce que j'apprends, a été retiré blessé de la cheminée; c'est un de mes camarades qui, sous cet habit, m'a déjà rendu de grands services.

— Mais à quel propos faisiez-vous cela?

— Pour vous donner à penser, pour vous mettre dans une situation d'esprit qui vous rendît susceptible d'être frappé par le merveilleux, auquel je voulais vous soumettre.

— Mais cette pantomime qui prit une tournure si étrange, ce n'était pas au moins votre invention?

— La jeune fille qui représentait la reine était instruite par moi, et tout son rôle était mon ouvrage. Je m'attendais que cela ne surprendrait pas peu votre altesse. Et, pardonnez-moi, monseigneur, l'aventure de l'Arménien me faisait espérer que vous seriez tout-à-fait disposé à dédaigner des explications naturelles, et à en chercher dans ce qu'il y a de plus extraordinaire.

— Dans le fait, reprit le prince, avec l'air du mécontentement et de la surprise, et en me jetant un regard significatif : dans le fait, je ne m'étais pas attendu à celle-là.

— Mais, continua le prince après un long silence, comment avez-vous fait ce fantôme qui a paru sur le mur de la cheminée?

— Avec une lanterne magique attachée au volet opposé, où aussi vous avez dû remarquer une couverture.

— Mais comment s'est-il donc fait, reprit lord Seymour, qu'aucun de nous n'y ait pris garde ?

— Vous vous rappelez, monseigneur, qu'une épaisse fumée d'huile avait obscurci toute la salle, lorsque vous y êtes rentré. De plus, j'avais pris la précaution d'appuyer contre la même fenêtre la planche du volet que j'avais enlevé; et, par là, j'empêchai que ce volet ne frappât vos yeux. Au reste, la lanterne magique est restée couverte jusqu'à ce que vous ayez eu pris vos places, et je n'avais à craindre de vous aucune recherche dans la chambre.

— Il m'a paru, repris-je; lorsque de l'autre pavillon j'ai regardé par la fenêtre, j'ai entendu approcher une échelle; est-ce vrai?

— Très-vrai : c'était l'échelle avec laquelle mon compagnon a monté à ladite fenêtre, pour diriger la lanterne magique.

— Le fantôme, continua le prince, paraissait certainement avoir avec mon ami une ressemblance fugitive; et surtout il avait cela, qu'il était très-blond. Etait-ce hasard, ou l'aviez-vous deviné?

— Votre altesse se rappelle qu'elle avait mis sur la table, à côté d'elle, une tabatière où était un portrait d'officier en uniforme. Je vous ai demandé si vous n'aviez pas sur vous quelque marque de souvenir de votre ami; et, comme vous me répondites oui, je pensai que peut-être c'était la boîte. Je m'étais bien mis, sur la table, la figure dans les yeux, et comme je me suis fort exercé à peindre, et que j'attrappe fort bien la ressemblance, il m'a été facile de donner au portrait cette ressemblance fugitive que vous avez remarquée, d'autant plus même que vous aviez l'imagination pleine des traits du marquis.

— Mais la figure avait pourtant l'air de ressembler?

— Cela paraissait ainsi; mais ce n'était point la figure, mais la cheminée, qui était éclairée par l'image.

— Et l'homme qui s'est précipité de la cheminée, répondait sans doute pour le spectre?

— Lui-même.

— Mais il ne pouvait pas bien entendre les questions?

— Aussi, n'en avait-il pas besoin; vous vous souvenez, monseigneur, que je vous ai sévèrement défendu de faire au spectre aucune question : ce que je devais lui dire et lui me répondre, était convenu d'avance; et pour qu'il ne se commît aucune faute, je laissais de grandes pauses, qu'il devait compter au moyen d'une montre.

— Vous avez donné l'ordre à l'hôte d'éteindre soigneusement, avec de l'eau, tous les feux de la maison; c'était sans doute pour....

— Uniquement pour empêcher mon homme d'être étouffé dans la cheminée, parce que toutes les cheminées de la maison donnent les unes dans les autres, et que je ne me croyais pas bien sûr des suites.

— Mais comment se fit-il, demanda lord Seymour, que votre esprit n'arriva ni plus tôt ni plus tard que le moment auquel il vous le fallait?

— Mon esprit était déjà dans la chambre quelque temps avant que je le citasse; mais tant que l'esprit de vin brûlait, on ne pouvait apercevoir cette figure pâle. Lorsque ma conjuration fut achevée, je jetai à terre le vase où brûlait l'esprit de vin; il fit nuit dans la salle, et la figure parut sur la muraille, où déjà depuis long-temps elle était réfléchie.

— Mais, dans le même moment où l'esprit a paru, nous avons senti une commotion électrique; comment l'avez-vous produite?

— Vous avez aperçu la machine sous l'autel, vous avez vu aussi que j'étais placé sur un tapis de soie; je vous ai fait ranger autour de moi en demi-cercle, et vous tenant l'un l'autre par la main. Lorsque tout a été prêt, j'ai fait signe à l'un de vous de me prendre par les cheveux. Le crucifix d'argent était le conducteur, et vous avez senti la commotion lorsque je l'ai touché avec la main.

— Vous nous avez ordonné, au comte d'O.... et à moi, dit lord Seymour, de tenir deux épées nues en croix au-dessus de votre tête tant que durerait la conjuration; pourquoi cela ?

— Pour rien autre chose que pour vous occuper tous deux pendant la cérémonie, parce que je n'avais en vous que peu de confiance. Vous vous rappelez qu'exprès, je vous ai dit de les tenir à un pouce au-dessus de ma tête, afin que, tout occupés de cette distance, vous ne puissiez pas porter vos regards où je ne voulais pas qu'ils fussent dirigés; et même alors je n'ai pu occuper les yeux de mon plus grand ennemi.

— J'avoue, répondit lord Seymour, que c'est là se conduire en habile homme; mais pourquoi a-t-il fallu que nous fussions déshabillés?

— Uniquement pour donner plus de solennité à toute la cérémonie, et parce que je ne savais comment occuper votre imagination.

— A la seconde apparition, dit le prince, l'esprit n'a pas dit un mot; qu'aurions-nous appris de lui?

— A peu près ce que vous en avez appris après. Ce n'est pas sans un but que j'ai demandé à votre altesse si elle m'avait dit tout ce que le mort lui avait confié, et si elle n'avait pas fait de lui quelques recherches dans sa patrie. J'ai jugé cela nécessaire pour ne pas me tromper sur des choses de fait qui auraient pu être en contradiction avec les discours de mon esprit. Je vous ai demandé, relativement à sa jeunesse, s'il avait toujours vécu dans la pratique de la vertu; et c'est d'après votre réponse que j'ai basé mes inventions.

— Sur tous ces points, reprit le prince après quelques momens de silence, vous m'avez pleinement satisfait; mais il est encore un autre article sur lequel je vous demande des éclaircissemens.

— Si cela est en ma puissance, et si...

— Point de réserve; la justice, entre les mains de laquelle vous êtes, pourrait ordonner et non point demander. Quel était cet individu à l'aspect de qui vous êtes tombé sans connaissance? Que savez-vous de lui? D'où le connaissez-vous? Enfin, qu'avait-il de commun avec cette seconde apparition?

— Monseigneur!....

— Dès que vous l'avez eu regardé en face, vous avez jeté un grand cri, et vous êtes tombé sans connaissance. Pourquoi cela? qu'est-ce que cela signifie?

— Cet inconnu, monseigneur!... »

Ici le prisonnier s'arrêta; il parut agité d'un grand trouble, il nous regarda tous avec un œil égaré : « Je jure, monseigneur, par tout ce qu'il y a de plus sacré, que cet inconnu est un être terrible.

— Que savez-vous de lui? Quelle connexion y a-t-il entre vous deux? N'espérez pas nous cacher la vérité....

— Je m'en garderai bien; car, qui me répondra que dans ce moment il n'est pas au milieu de nous?

— Où? Qui? nous écriâmes-nous tous ensemble en regardant autour de la chambre, moitié riant, moitié effrayés ; cela n'est pas possible.

— Oh ! pour cet homme, ou pour cet être, quel qu'il soit, il y a des choses possibles encore bien plus incompréhensibles.

— Mais qui est-il donc? D'où vient-il? Est-il arménien ou russe? Qu'y a-t-il de vrai dans les personnages qu'il fait?

— Il n'est rien de tout ce qu'il paraît être; il se donnera pour appartenir à plusieurs nations, à plusieurs professions, dont il ne fera que porter le masque. Quel est-il? D'où vient-il? Où va-t-il? Personne ne le sait. Qu'il ait passé long-temps en Egypte, et qu'il ait rapporté des catacombes son art mystérieux, c'est ce que je n'oserais ni affirmer, ni nier. Chez nous, il est connu sous le nom d'*Impénétrable*. Par exemple, quel âge lui donneriez-vous bien?

— A en juger par l'apparence,

il a à peine atteint quarante ans.

— Et moi, quel âge me croyez-vous?

— Pas loin de cinquante ans.

— Vous avez raison; et si je vous disais maintenant que je n'étais encore qu'un jeune garçon de dix-sept ans, que mon grand-père me parlait de cet homme étrange, et qu'il l'avait vu à Famagouste, où il paraissait avoir le même âge qu'à présent?

— Cela est ridicule, incroyable, outré!

— Pas dans la moindre chose. Délivrez-moi de ces chaînes, et je vous montrerai des témoins dont la seule vue ne vous permettra pas d'avoir aucun doute. Il y a des gens dignes de foi qui se souviennent l'avoir vu en même temps en plusieurs lieux différens. La pointe d'une épée ne peut le percer. Le poignard n'a sur lui aucun effet. Le feu ne le brûle point. Un vaisseau où il se trouve ne peut s'enfoncer. Le temps même semble sur lui perdre sa puissance : les années ne ralentissent point son énergie, et la vieillesse ne blanchit point ses cheveux. Personne ne l'a vu manger. Jamais il n'a approché d'une femme. Ses yeux n'ont aucun besoin de sommeil : on sait seulement que de toutes les heures du jour, il y en a une seule pendant laquelle il n'est plus maître de lui-même : pendant ce temps personne ne l'a vu, et il ne s'occupe point des affaires de ce monde.

— Oui! dit le prince; et quelle est cette heure-là?

— Minuit! Lorsque le dernier coup de minuit sonne, il n'appartient plus au nombre des vivans. En quelque lieu qu'il soit, il faut qu'il le quitte: de quelque affaire qu'il soit occupé, il faut qu'il l'abandonne. Cette cloche terrible l'arrache des bras de l'amitié, du pied des autels, et l'arracherait de l'agonie de la mort; personne ne sait alors où il va, ni ce qu'il fait. Personne n'a hasardé de l'interroger sur ce point, encore moins de le suivre; car, dès que l'heure fatale sonne, les traits de son visage prennent sur-le-champ un caractère si terrible et si affreux, que le courage manque pour l'envisager ou pour lui adresser la parole. A cet instant, le silence de la mort succède soudain à la conversation la plus animée, et tous ceux qui sont là attendent son retour avec une sainte frayeur, sans jamais se hasarder, soit à changer de place, soit à ouvrir la porte par laquelle il est sorti.

— Mais, demanda l'un de nous, à son retour ne remarque-t-on rien d'extraordinaire en lui?

— Rien, sinon qu'il est pâle et défait comme un homme qui vient de soutenir une opération douloureuse ou de recevoir une mauvaise nouvelle. Quelques-uns prétendent avoir vu quelques gouttes de sang sur sa chemise : mais cela est encore à vérifier.

— Et n'a-t-on pas, au moins, jamais tenté, soit de lui cacher l'heure, soit de l'entourer tellement de distractions, qu'il ait été forcé à lui de l'oublier?

— Une seule fois, dit-on, il lui est arrivé de passer le terme. La société était nombreuse; on avait veillé long-temps dans la nuit, toutes les pendules avaient été dérangées à dessein, et il se laissait emporter au feu de la conversation, lorsque l'heure fatale arriva ; soudain, il resta muet et immobile; tous ses membres demeurèrent dans la même position où ils étaient lorsque cet accident l'avait surpris ; ses yeux se fermèrent, son pouls cessa de battre; tous les moyens que l'on employa pour le réveiller furent vains et inutiles; et cet état dura jusqu'à ce que l'heure fût écoulée. Alors il se ranima de lui-même, il rouvrit les yeux, et reprit son discours, précisément à l'endroit où il avait été interrompu. La surprise générale lui fit connaître ce qui s'était passé, et alors il déclara, avec une expression terrible, que l'on devait s'estimer heureux d'en avoir été quitte pour la peur; mais, le soir même, il a quitté pour toujours la ville où cela lui était arrivé. L'opinion générale est que pendant cette heure mystérieuse il a un entretien avec son génie. Quelques-uns s'imaginent qu'il est mort, mais qu'il lui est permis de passer vingt-trois heures avec les vivans, à la condition que, pendant la dernière heure du jour, son âme retournera dans l'autre monde, pour y subir son jugement. Beaucoup de gens le prennent pour le célèbre *Apollonius de Thyane*, d'autres pour l'Apôtre *Saint-Jean,* dont il est dit qu'il doit demeurer jusqu'au jugement dernier.

— Ce ne sont pas certainement les conjectures singulières qui ont pu manquer sur un homme aussi étrange. Ce que vous venez de nous dire ne repose que sur des *ouï-dire* : cependant sa manière d'être à votre égard, et la vôtre envers lui, paraissent indiquer entre vous deux une connaissance plus étroite. N'y a-t-il pas quelques aventures particulières dans lesquelles vous vous serez trouvés mêlés ensemble ? Ne nous cachez rien ! »

Le Sicilien nous regarda avec inquiétude, et se tut.

« Si cela, continua le prince, regarde quelque chose que vous ne vouliez pas divulguer, je vous assure, au nom de ces deux messieurs, du secret le plus inviolable. Mais parlez ouvertement et sans détour.

— Si je puis espérer, reprit enfin

l'homme après un très-long silence, si je puis espérer que vous ne les ferez pas témoigner contre moi, je vous découvrirai une aventure remarquable de l'Arménien, dont j'ai été témoin oculaire, et qui ne vous laissera aucun doute sur la puissance secrète de cet homme. Mais il faut qu'il me soit permis, continua-t-il, de taire quelques noms.

— Cette condition est-elle absolument nécessaire ?

— Absolument nécessaire, monseigneur ! il s'agit d'une famille que j'ai des raisons de respecter.

— Parlez ! dit le prince.

— Il peut y avoir cinq ans, reprit le Sicilien, que, me trouvant à Naples, où j'exerçais mon art avec assez de succès, je fis connaissance avec un seigneur, *Lorenzo del Monte*, chevalier de l'ordre de Saint-Étienne, jeune et riche cavalier d'une des premières maisons du royaume, qui me combla de prévenances et parut faire de mes secrets le plus grand cas. Il me découvrit que son père, le marquis *del Monte*, était un zélé partisan de la cabale secrète, et s'estimerait heureux d'avoir dans sa maison un sage, ainsi qu'il se plaisait à me nommer. Le vieillard habitait une de ses terres sur les bords de la mer, environ à sept milles de Naples, où, presque totalement séparé du monde, il pleurait la perte d'un fils chéri qu'un sort funeste lui avait enlevé. Le chevalier me confia que sa famille et lui pourraient avoir un jour besoin de moi dans une affaire très-sérieuse, afin de tâcher d'obtenir, au moyen de ma science secrète, quelques lumières sur un fait pour l'éclaircissement duquel ils avaient en vain employé tous les moyens humains. Lui, en particulier, ajouta-t-il avec une expression très-prononcée, aurait peut-être des raisons de me regarder comme l'artisan de son bonheur sur cette terre. Voici à quoi cela avait rapport : Lorenzo était le plus jeune fils du marquis, et il avait été destiné par lui à l'état ecclésiastique; les biens de la famille devaient passer dans les mains du frère aîné. Jéronimo, c'était son nom, avait passé plusieurs années à voyager, et environ sept ans avant l'aventure que nous racontons ici, il était revenu dans sa patrie pour se marier avec la fille unique d'un comte voisin de la maison de C......, alliance dont les deux familles étaient déjà tombées d'accord, lors de la naissance des enfans, pour confondre ensemble les biens des deux maisons.

» Quoique cette alliance n'eût été dictée que par des raisons de convenance, et que, dans le choix qui avait été fait, le cœur des deux jeunes gens n'eût pas été consulté, cependant ils s'étaient tous deux déterminés au si-

lence. Jéronimo de M. et Antonie de C.
avaient été élevés ensemble, et le peu
de contrainte que l'on opposait aux
deux enfans, que l'on était dès lors
accoutumé à regarder comme futurs
époux, avait fait naître entre eux,
de bonne heure, une tendresse qui
s'était encore fortifiée par l'harmonie de leurs caractères, et qui, dans
un âge plus avancé, s'était facilement
changée en amour. Une absence de
quatre ans avait plutôt réchauffé que
refroidi leur amour; et Jéronimo était
revenu dans les bras de sa maîtresse
aussi fidèle et aussi ardent que si jamais il ne s'en était éloigné.

» Les ravissemens de ce retour du-
raient encore, et l'on était dans la

joie des préparatifs du mariage, lorsque le fiancé disparut. Il lui arrivait souvent d'aller passer la soirée dans une maison de campagne située sur le bord de la mer, et où il prenait le plaisir de la promenade sur l'eau. Un soir, il lui arriva de rester extraordinairement long-temps. On envoya des courriers après lui; des chaloupes le cherchèrent sur la mer, personne ne l'avait vu; aucun de ses domestiques ne manquait, parce qu'aucun ne l'avait accompagné. La nuit vint et il ne parut point. Tout le jour suivant se passa et point de Jéronimo. On commençait à se livrer aux plus affreuses conjectures lorsqu'on apprit que, quelques jours auparavant, un corsaire algérien avait opéré une descente sur cette côte, et emmené prisonniers quelques habitans. Aussitôt on équipa deux galères qui étaient toujours prêtes. Le vieux marquis lui même monta sur la première, bien résolu de délivrer son fils au péril de sa vie. Le troisième jour, au matin, ils aperçurent les corsaires, sur lesquels ils avaient l'avantage du vent : ils les ont bientôt atteint, ils s'en approchent même tellement, que Lorenzo, qui se trouvait sur la première galère, crut avoir aperçu son frère sur le pont du vaisseau ennemi; lorsque tout-à-coup une violente tempête vint tout disperser. Les vaisseaux endommagés la supportèrent avec peine; mais la prise avait disparu et ils

se virent obligés de débarquer à Malte.
On ne peut peindre la douleur de la famille entière. Le vieux marquis désolé s'arracha les cheveux: on eut même à craindre pour la vie de la jeune comtesse.

»Cinq années se passèrent en recherches inutiles. Pendant long-temps on parcourut toutes les côtes barbaresques. Ce fut en vain que des récompenses furent promises pour la vie du jeune marquis, personne ne s'occupa de les mériter. Enfin, on en demeura à la conjecture vraisemblable, que l'ouragan qui avait séparé les deux vaisseaux avait coulé à fond le bâtiment du pirate, et que tout son équipage avait péri dans les flots.

» Quelque spécieuse que fût cette conjecture, cependant il lui manquait encore beaucoup quant à la certitude, et rien ne pouvait autoriser à croire que le jeune marquis ne reparût point un jour. Mais, supposé que cela n'arrivât pas, la famille se trouvait éteinte, ou bien il fallait que le second frère quittât l'état ecclésiastique et entrât dans tous les droits de l'aîné.

» Quoique d'un côté la stricte justice parût opposée à cette opération, cependant il était impossible, d'un autre côté, de laisser toute une famille exposée au danger toujours naissant d'une ruine totale. La vieillesse, le chagrin précipitaient le vieux marquis dans le tombeau. A chaque nouvelle tentative s'évanouissait pour lui l'espérance de voir reparaître son fils. Il avait pour toute perspective l'anéantissement de sa maison, qui pouvait être prévenue par une légère injustice, si seulement il voulait se résoudre à favoriser son jeune fils aux dépens de l'aîné. Pour venir à bout de l'union avec la maison de C....., il n'était besoin que de changer d'un seul nom; le but des deux familles se trouvait toujours rempli, soit que la comtesse Antonie épousât Jéronimo, soit qu'elle épousât Lorenzo. La faible possibilité qu'il y avait que le premier revînt, ne fut comptée pour rien en comparaison du mal certain et pressant qui menaçait l'existence de la famille ; et le vieux marquis, qui de jour en jour sentait que la mort s'approchait, souhaitait avec impatience d'être délivré de cette inquiétude avant de cesser de vivre.

» Celui qui seul retardait l'exécution de cette démarche et qui s'y opposait opiniatrement, était celui qui devait le plus y gagner. Lorenzo n'ayant que du dédain pour les avantages d'un bien immense, insensible à la possession d'une aimable épouse qui allait être mise entre ses bras, il refusait avec une généreuse délicatesse de dépouiller un frère qui peut-être vivait encore et qui pouvait revenir demander ce qui lui appartenait.

« Le sort de mon cher Jéronimo, disait-il, n'est-il pas déjà assez affreux dans la longue prison où il gémit, sans que j'aille encore le rendre plus cruel par un vol qui le frappera dans ce qu'il a de plus cher. Comment implorerai-je le ciel pour son retour lorsque son épouse sera dans mes bras? et si enfin un miracle nous le rendait, de quel front irai-je à sa rencontre? Et supposé qu'il nous soit enlevé pour jamais, comment pourrons-nous mieux honorer sa mémoire, qu'en laissant, sans jamais la guérir, la plaie que sa perte a faite au milieu de nous, en sacrifiant sur son tombeau toutes nos espérances, et tout ce qui nous est demeuré de lui, tout ce qui lui a appartenu; en le conservant comme des dépouilles sacrées dans le sanctuaire? »

» Mais toutes les raisons que pouvait trouver la délicatesse fraternelle ne purent faire supporter au vieux marquis l'idée de voir s'éteindre sa maison, qui fleurissait depuis près de neuf siècles. Tout ce que Lorenzo put obtenir, fut un délai de deux ans avant qu'il conduisît à l'autel la fiancée de son frère. Pendant ce temps, les recherches furent continuées avec encore plus d'activité. Lorenzo lui-même fit plusieurs voyages sur mer. Il exposa sa personne à une foule de dangers. Aucune peine, aucune dépense ne furent épargnées pour retrouver Jéronimo; mais ces deux années se passèrent comme les précédentes, sans aucun succès.

— Et la comtesse Antonie, demanda le prince, vous ne nous dites rien de sa situation. Devait-elle donc se résigner si tranquillement à son sort ? je ne puis le croire.

— La situation d'Antonie était une lutte très-pénible entre le devoir et la passion, entre l'admiration et la haine. Elle admirait la magnanimité et le désintéressement de cet amour fraternel, elle se sentait entraînée à respecter un homme que jamais elle ne pourrait aimer : ainsi déchiré par ces divers sentimens, son cœur saignait, mais son aversion contre le chevalier paraissait croître à mesure que ses droits à son intérêt augmentaient.

» Pour lui, ce n'était qu'avec un profond chagrin qu'il remarquait la secrète tristesse qui dévorait le cœur de cette belle personne. Une tendre compassion s'insinua dans son cœur à la place de l'indifférence avec laquelle il l'avait toujours regardée. Ce sentiment s'empara de lui tout entier, et bientôt une violente passion lui rendit difficile l'exercice d'une vertu qui jusques-là avait été sans exemple. Cependant l'amour ne l'empêcha point d'obéir aux inspirations de sa générosité. Lui seul, contre toute sa famille, soutint toujours les droits de son pauvre frère sacrifié ;

mais tous ses efforts étaient vains. Chaque victoire qu'il remportait sur sa passion lui en montrait davantage la violence; et la magnanimité avec laquelle il s'en défendait ne servait qu'à lui faire voir l'utilité de sa résistance.

» Tel était l'état des choses, lorsque le chevalier m'invita à venir le voir au château de son père. La puissante recommandation de mon patron m'avait préparé une réception qui surpassa mes espérances. Je ne dois point oublier d'ajouter ici que j'avais trouvé moyen de faire connaître mon nom dans les loges de *francs-maçons* du pays, ce qui ne contribua pas peu à augmenter la confiance du vieux marquis, et à élever encore l'idée qu'il s'était faite de moi. Laissez-moi vous raconter jusqu'à quel point je sus le mener, et par quels chemins je le conduisis. Les aveux que je ferai ici pourront servir à mes juges. Après avoir fait mon profit de tous les livres mystiques qui se trouvaient dans la bibliothèque très-considérable du marquis, je fus bientôt en état de lui parler dans sa langue, et d'appuyer d'inventions et d'aventures mon système d'un monde invisible. Il crut tout ce que je voulus, et il aurait juré de l'accouplement des philosophes avec les salamandres et les sylphides, avec autant de confiance que d'un article de la sainte Écriture.

Ajoutez à cela qu'il était très-religieux, ce qui avait porté au plus haut degré ses dispositions à la crédulité; et mes contes en réussissaient encore davantage auprès de lui. Enfin je l'embarrassai et je l'embrouillai tellement dans la mysticité, qu'il lui devint impossible de croire rien qui ne fût naturel. Je fus l'apôtre de la maison. Mes lectures ordinaires roulaient toujours sur l'exaltation de la nature humaine, sur ses relations avec les esprits supérieurs : et mon garant était l'infaillible comte de Gabalis. La jeune comtesse, qui, depuis la perte de son amant, vivait plus avec le monde des esprits qu'avec le monde réel, et qui, outre cela, avait dans son caractère une grande disposition à la mélancolie, prenait à mes grimaces un merveilleux plaisir; et jusqu'aux domestiques de la maison voulaient toujours avoir affaire dans la chambre lorsque je parlais, afin de saisir quelques-unes de mes paroles, qu'ensuite ils arrangeaient à leur fantaisie.

» J'avais passé environ deux mois dans ce château, lorsqu'un matin le chevalier entra dans ma chambre; un profond chagrin était peint sur son visage; tous ses traits étaient bouleversés; il se jeta sur une chaise avec toutes les marques du désespoir.

« Capitaine, dit-il, c'en est fait de moi, je pars; je ne puis supporter cette situation plus long-temps.

— Que vous est-il arrivé, chevalier? qu'avez-vous?

— O fatale passion! (Et se levant avec violence, il se jeta dans mes bras.) J'ai lutté contre elle en homme, maintenant je n'ai plus de force.

— Mais, mon ami, de qui cela dépend-il? de vous! Tout n'est-il pas en votre puissance? votre père, votre famille?....

— Mon père, ma famille, qu'est-ce que tout cela pour moi? Est-ce une main qui se donne à regret que je veux, ou bien une passion libre et volontaire? n'ai-je pas un rival?

— Hélas! quel rival! un rival, un frère!

— Oh! laissez-moi, laissez-moi, qu'il en arrive tout ce qu'il pourra, il faut que je trouve mon frère!

— Eh quoi! après tant d'inutiles recherches pouvez-vous encore conserver quelques espérances?

— L'espérance! ah! depuis long-temps elle est morte dans mon cœur; mais l'est-elle dans cet autre! Qu'importe que j'espère? puis-je être heureux tant qu'une étincelle d'espérance luit dans le cœur d'Antonie? Deux mots, mon ami, pourraient mettre fin à mes tourmens; mais c'est en vain, mon sort restera misérable jusqu'à ce que l'Eternel rompe son silence, et il faut que ces tombes déposent pour moi.

— Ainsi, cette certitude peut donc vous rendre heureux?

— Heureux! Ah! je doute que jamais je puisse renaître au bonheur. Mais l'incertitude est de tous les tourmens le plus cruel. »

« Après quelques momens de silence il se modéra; puis il reprit avec tristesse :

« S'il était témoin de mes souffrances! Peut-elle donc le rendre heureux, cette fidélité qui fait tout le désespoir de son frère! Faut-il donc qu'à cause d'un mort, qui ne peut plus jouir, le vivant languisse et meure à son tour! Oh! s'il connaissait mon supplice! (Et il se mit à pleurer abondamment en cachant son visage dans mon sein.) Peut-être alors, oh! oui! peut-être lui-même la conduirait-il dans mes bras!

— Mais si ce souhait pouvait s'accomplir?

— Mon ami, que dites-vous? » Et il me regardait avec effroi.

« Pour de bien moindres raisons, continuai-je, on a forcé les morts de se mêler des choses de cette terre. Lorsqu'il s'agit du bonheur temporel d'un homme, d'un frère....

— Tout mon bonheur temporel! Oh! qu'ai-je senti? Que vous dites vrai! oui, toute ma félicité!

— Et le repos à rendre à une famille dans les larmes ne serait pas une digne cause! Certes, si jamais sur la terre j'ai une raison pour me justifier d'avoir troublé le repos des bienheureux, d'avoir fait usage de quelque violence....

— Au nom de Dieu! mon ami, m'interrompit-il, n'ajoutez pas un seul mot là-dessus. Souvent, je vous l'avoue, cette pensée m'est revenue à l'esprit : il m'a semblé que je vous en parlais, mais j'ai toujours rejeté loin cette idée comme impie, exécrable. »

« Vous voyez déjà, continua le Sicilien, où cela nous conduisit. Je fis tous mes efforts pour dissiper les scrupules du chevalier, et à la fin j'y réussis. Il fut résolu que je ferais apparaître le mort, et je ne demandai qu'un délai de quinze jours, afin de me préparer. Ce temps écoulé, et toutes mes machines dressées, je profitai d'un soir où la nuit était fort orageuse, et où, comme de coutume, la famille était rassemblée autour de moi; j'obtins son consentement pour mes opérations, ou même peut-être je l'amenai insensiblement à m'en faire elle-même la demande. C'est auprès de la jeune comtesse, que j'eus le plus de peine. Pourtant sa présence était nécessaire : mais la violence de sa passion vint à notre secours, et peut-être même une lueur d'espérance que celui que l'on croyait mort vivait encore, et ne répondrait pas à mes conjurations; mais je n'eus à lutter ni contre aucune défiance de la chose, ni contre aucun doute de mon art.

» Lorsque j'eus le consentement de la famille, le troisième jour fut choisi pour les grandes opérations. Les prières poussées jusque dans la nuit, les jeûnes, les veilles, les retraites, les entretiens mystiques, rien ne fut oublié pour se préparer à cet acte solennel. On y joignit les sons d'un instrument que j'avais vu faire beaucoup d'effet dans des cas semblables, et tout cela réussit tellement au gré de mes désirs, que l'enthousiasme de mes auditeurs échauffa ma propre imagination, et ne contribua pas peu à augmenter l'illusion que je voulais produire. Enfin, arriva l'heure tant attendue.

—Je devine, interrompit le prince, qui vous allez nous amener. Mais continuez, continuez.

— Non, monseigneur, la conjuration réussit à merveille.

—Eh bien! et l'Arménien, où est-il donc?

— Ne craignez rien, répondit le Sicilien, l'Arménien paraîtra quand il en sera temps.

» Je n'entrerai point dans le détail des tours de passe-passe auxquels je me livrai pendant quelque temps. Tant y a que toute mon attente fut remplie. Le vieux marquis, la jeune comtesse et sa mère, le chevalier, encore quelques autres parens, étaient présens. Vous vous imaginez bien que pendant ce long temps que j'avais passé dans cette maison, je n'avais pas manqué d'occasions d'apprendre exactement tout ce qui concernait le mort: quelques portraits de lui que j'avais là me mirent en état de donner au fantôme que je fis paraître une ressemblance trompeuse ; et comme je ne le fis s'exprimer que par signes, le son de sa voix ne put éveiller aucun soupçon. Le mort parut revêtu d'un habit d'esclave barbaresque, une profonde blessure dans le cœur. Vous remarquerez qu'ici je m'éloignais de la conjecture commune, qui voulait qu'il eût péri dans les flots, parce que j'avais raison d'espérer que cette supposition inattendue ne contribuerait pas peu à donner créance à la vision, tandis qu'au contraire rien ne me paraissait plus dangereux que de me traîner servilement sur ce qui était naturel et connu.

— Je crois, dit le prince, que vous aviez pris un bon parti : au milieu d'un cercle d'apparitions extraordinaires, il me semble que quelque chose de vraisemblable ne peut qu'étonner. La facilité de comprendre ôte la dignité aux moyens dont on s'est servi : cette facilité même rend suspect ; car à quoi bon déranger un esprit si ce qu'on apprend de lui on peut aussi bien le savoir avec le secours du bon sens? Mais quelque chose de nouveau, de difficile et de surprenant, est, au contraire, une garantie du prodige. Qui ira révoquer en doute le surnaturel d'une opération, si les effets qu'elle produit n'ont pu l'être par une force naturelle? Mais, je vous ai interrompu, achevez votre récit.

— J'adressai à l'esprit cette question : S'il n'y avait plus sur la terre rien qu'il pût nommer sien? s'il n'y avait rien laissé qui lui fût toujours cher? L'esprit secoua deux fois la tête et éleva la main vers le ciel. Avant de disparaître, il tira de son doigt un anneau, qu'ensuite on trouva sur le plancher : la jeune comtesse le prit et l'examina; c'était son anneau de mariage.

— Son anneau de mariage! s'écria le prince avec surprise ; son anneau de mariage! et comment vous l'étiez-vous procuré?

— Je.... Ce n'était pas le véritable, monseigneur..... je l'avais.... il était seulement imité.

— Imité, reprit le prince ; mais, pour l'imiter, il fallait avoir le véritable, et comment cela vous avait-il été possible, car certainement le mort ne le quittait jamais?

— Cela est bien vrai, dit le Sicilien, non sans de grandes marques de confusion ; aussi était-ce d'après une description que l'on m'avait faite du véritable anneau.

— Qui vous avait fait cette description?

—Oh! déjà depuis long-temps.... C'était un anneau d'or tout uni, avec, à ce que je crois, le nom de la jeune comtesse. Mais vous m'avez tout-à-fait dérangé de mon récit.

— Qu'arriva-t-il ensuite? dit le prince avec un air de doute et de mécontentement.

— Dès ce moment on demeura convaincu de la mort de Jéronimo. Dès ce jour, la famille publia sa mort et en prit solennellement le deuil. La circonstance de l'anneau ne permettait à Antonie de former aucun doute, et donnait plus de force aux poursuites du chevalier : mais la vive impression que cette apparition avait faite sur elle la jeta dans une maladie dangereuse qui fut près d'enlever à son amant toutes ses espérances. Lorsqu'elle fut guérie, elle parut dans le dessein de prendre le voile, et il ne fut possible de la détourner de cette résolution que par les représentations de son confesseur, en qui elle avait une confiance sans bornes. Enfin, les efforts réunis de cet homme et de toute la famille réussirent à arracher d'elle le *oui* si désiré. Le dernier jour du deuil devait être le jour heureux que le vieux marquis avait résolu de rendre encore plus solennel par la cession de tous ses biens à son légitime héritier.

» Ce jour parut enfin, et Lorenzo reçut à l'autel la main tremblante de sa fiancée. La journée s'écoula. Un festin splendide attendait l'heureuse famille dans une salle magnifiquement éclairée, et où une musique bruyante accompagnait la joie générale. Le vieillard ravi avait voulu que tout le monde partageât son contentement; toutes les avenues du château avaient été ouvertes, et tous ceux qui venaient le féliciter étaient bien venus. Au milieu de cette foule..... » Le Sicilien s'arrêta, et le frisson de l'attente retint notre haleine sur nos lèvres.

« Au milieu de cette foule donc, continua-t-il, quelqu'un, qui se trouvait assis à côté de moi, me fit remarquer un cordelier qui se tenait sans mouvement, semblable à un pilier de marbre. Sa stature était haute, maigre, son visage pâle et blême : il tenait fixé sur les deux époux un regard triste et sombre. La joie qui se peignait sur tous les visages semblait s'être éloignée de lui seul, et sa figure, sans mouvement, paraissait comme une statue au milieu d'êtres vivans. Tout ce qu'il y avait d'extraordinaire dans ce regard me surprit tellement au milieu de la joie générale, me parut contraster d'une si étrange manière avec tout ce qui m'entourait en ce moment, me frappa si profondément et laissa dans mon âme une impression si ineffaçable, qu'elle me suffit pour me faire reconnaître les traits du moine dans ceux du Russe ; car vous vous doutez bien déjà que le cordelier, le Russe et l'Arménien ne sont qu'une seule et même personne. Souvent j'essayais de détourner mes regards de cette effroyable figure; mais involontairement ils revenaient sur elle et la trouvaient toujours sans le moindre changement. Je fis un signe à mon voisin; celui-ci au sien : notre étonnement devint commun à toute la table; la conversation cessa, elle fut subitement remplacée par un silence général, qui ne put troubler le moine; il restait sans mouvement, et toujours le même, fixant les deux époux avec un regard triste et sombre. Chacun fut troublé à cette vue.

La jeune comtesse seule, retrouvant son propre chagrin sur le visage de l'étranger, prenait un secret plaisir à considérer cet objet, qui, seul dans toute l'assemblée, paraissait comprendre et partager sa peine. Cependant la foule s'écoula peu à peu : déjà la musique avait cessé, les lumières s'éteignaient l'une après l'autre; la conversation devenait à chaque instant plus languissante, et cette salle de bal, naguère si pleine, était changée en désert. Le moine restait là sans mouvement, toujours le même et fixant les deux époux avec un regard triste et sombre. La table fut enlevée, les convives disparurent; la famille se rassembla en un cercle tout intérieur, et, sans être invité, le moine resta dans ce cercle resserré. Je ne sais comment il se fit que personne ne lui adressa la parole; mais personne ne le fit. Enfin, les amis de la jeune épouse l'entourèrent, et elle jetait sur le vénérable étranger des regards qui semblaient implorer des secours. L'étranger n'y répondit point. Les hommes entourèrent de même la fiancée. Il se fit un grand silence. « Combien nous sommes heureux! s'écria enfin le vieillard, qui seul de nous tous avait paru ne pas remarquer l'étranger ou ne pas être étonné de sa présence. Combien nous sommes heureux! et faut-il que mon fils Jéromino nous manque! »

—L'as-tu donc invité, et a-t-il refusé

de venir? demanda le moine. » C'était la première fois qu'il ouvrait la bouche. Nous regardâmes avec terreur.

— Ah! il est allé en un lieu où l'on demeure éternellement, repartit le vieillard. Très-respectable seigneur, vous m'avez mal compris : mon fils Jéronimo n'existe plus.

— Peut-être craint-il seulement de se montrer dans une pareille société. Qui sait ce qui peut être arrivé à votre fils Jéronimo? Faites-lui entendre la voix qu'il a entendue pour la dernière fois. Priez votre fils Lorenzo de l'appeler. »

» Qu'est-ce que tout cela doit signifier? se demanda chacun avec inquiétude. Lorenzo changea de couleur, je ne puis nier que mes cheveux commencèrent à se dresser sur ma tête.

Cependant, le moine s'était approché d'un buffet où il avait pris un verre rempli de vin, qu'il porta à ses lèvres. « Au souvenir de notre cher Jéronimo ! s'écria-t-il, que celui qui a aimé le mort m'imite.

— Qui que vous soyez, mon père, s'écria le marquis, vous avez prononcé un nom qui m'est bien cher : Soyez le bien venu. Mes amis, ne souffrez pas qu'un étranger nous fasse rougir ; et se tournant vers nous, il nous donna des verres. A la mémoire de mon fils Jéronimo ! »

Je ne crois pas que jamais santé ait été bue avec tant de répugnance.

« Il reste encore un verre, pourquoi mon fils Lorenzo refuse-t-il de faire raison à cette santé fraternelle ? »

Lorenzo palit, prit le verre des mains du cordelier, il le porta tremblant à ses lèvres. « A mon bien-aimé frère Jéronimo ! » Il ne fit que balbutier ces mots, et il tomba sans connaissance.

« C'est la voix de mon meurtrier, » s'écria un fantôme affreux qui apparut subitement au milieu de nous, portant un habit ensanglanté, et que défiguraient d'horribles blessures.

— Au reste, ne me demandez pas, dit le Sicilien, de vous peindre la terreur générale à cette apparition. Mes sens m'avaient abandonné à l'instant où j'avais jeté les yeux sur le fantôme, et il en était de même de tous ceux qui étaient là. Lorsque nous revînmes à nous, Lorenzo luttait avec la mort; le moine et le fantôme avaient disparu. On le porta dans son lit : il était en proie aux plus terribles convulsions. Il n'y avait autour du mourant que le prêtre et l'infortuné vieillard, qui, quelques semaines après, le suivit au tombeau. Ses derniers aveux sont restés ensevelis dans le sein du religieux, qui a reçu sa confession, et nul homme vivant n'en a eu connaissance. Peu de temps après cette aventure, il arriva que l'on voulut nétoyer un puits qui depuis nombre d'années était demeuré caché sous des broussailles. Au milieu des décombres, on trouva un cadavre. La maison où tout cela s'est passé n'existe plus. La famille de M....te est éteinte, et on montre encore, dans un couvent près de Salerne, le tombeau d'Antonie.

« Vous voyez maintenant, continua le Sicilien, car nous étions restés tous muets et frémissans d'horreur, et personne ne voulait prendre la parole; vous voyez maintenant sur quoi se fonde ma connaissance avec cet officier Russe, ou ce cordelier, ou cet Arménien. Jugez si j'ai eu raison de trembler en apercevant un être qui, deux fois, s'est rencontré dans mon chemin d'une si terrible manière !

— Répondez-moi encore à une seule question, dit le prince en se levant : avez-vous été toujours sincère dans tout ce que vous nous avez raconté concernant le chevalier ?

— Je ne sais rien autre chose, répondit le Sicilien.

— Ainsi, vous l'avez réellement tenu pour un honnête homme ?

— Oui, pardieu ! je l'ai fait.

— Et même encore lorsqu'il vous donna l'anneau que vous savez bien ?

— Comment ! il ne m'a point donné d'anneau. Je ne vous ai point dit qu'il m'eût donné d'anneau.

— Bon, dit le prince, tirant une sonnette, et voulant s'en aller, puis revenant; et l'esprit du marquis de Lannoy, que ce Russe a fait paraître hier après celui que vous aviez, le tenez-vous véritablement et réellement pour un esprit?

— Je n'en puis pas avoir une autre opinion, répondit-il.

— Venez, me dit le prince. » Le geolier parut. « Nous sommes prêts, lui dit-il; vous, monsieur, vous entendrez encore parler de moi. »

Lorsque nous nous trouvâmes seuls. « Monseigneur, dis-je au prince, puis-je vous adresser la même question que vous avez faite à ce jongleur? La seconde apparition que nous avons eue, la regardez-vous comme véritable et réelle ?

— Mais non certainement, je ne le fais plus.

— Vous ne le faites plus! vous l'avez donc fait ?

— Je ne nierai pas qu'un instant je ne me sois laissé entraîner à prendre cette illusion pour plus qu'elle n'était.

— Je voudrais bien voir, répliquai-je, l'homme qui, dans de semblables circonstances, eût pu se défendre d'une pareille présomption. Mais quelles raisons, enfin, vous ont fait abandonner cette opinion? Tout ce que l'on nous a raconté de cet Arménien, devrait plutôt augmenter que diminuer notre croyance dans le pouvoir qu'il a d'opérer des prodiges.

— Ce qu'un homme de néant nous a raconté, reprit gravement le prince, en me coupant la parole, car vous ne doutez plus, j'espère, que ce ne soit à un homme de cette espèce que nous avons eu à faire?

— Non sans doute, répondis-je, cependant son témoignage....

— Le témoignage d'un homme de néant, supposé encore que je n'eusse aucune autre raison de le révoquer en doute, ne peut entrer en balance avec la vérité et le simple bon sens. Un homme qui m'a plusieurs fois trompé, qui s'est fait un métier de la fourberie, mérite-t-il d'être entendu dans une matière où, pour mériter la confiance, il faudrait commencer par prouver le plus sincère amour de la vérité; un homme pareil, qui peut-être n'a jamais dit une seule fois volontairement la vérité, mérite-t-il confiance là où il se présente comme témoin, contre le sens commun et l'ordre éternel de la nature? Ce serait comme si j'allais charger un scélérat déjà condamné à la marque, d'accuser l'innocence pure et sans tache.

— Mais quelle raison peut-il avoir de donner un si glorieux témoignage à un homme qu'il a tant de sujet de haïr, ou, au moins, de craindre?

— Parce que je ne vois pas, moi, ces raisons, s'ensuit-il qu'il en ait moins? J'avoue que je ne pénètre pas encore tout-à-fait le tissu de sa fourberie ; mais il a rendu un très-mauvais service à la cause pour laquelle il combat, en prenant avec moi le masque d'un fourbe ou même de quelque chose de pis.

— La circonstance de l'anneau me paraît, à vrai dire, un peu suspecte.

— Elle est plus que suspecte, elle est décisive. Il a reçu cet anneau d'un meurtrier, et dans ce même moment il a dû être certain que c'était là le meurtrier. Quel autre que le meurtrier eût pu arracher au mort un anneau qui certainement ne quittait jamais son doigt ? Il a cherché à nous persuader toute une histoir, comme s'il avait été lui-même trompé par le chevalier, tandis qu'au contraire il avait cru le tromper. Pourquoi tous ces détours, s'il ne sentait pas lui-même qu'il était perdu s'il avouait son intelligence avec le meurtrier? Tout son récit n'est évidemment rien autre chose qu'un cercle d'inventions forgées pour rattacher l'une à l'autre, quelques vérités qu'il a bien voulu nous abandonner : et un misérable, que j'ai dix fois surpris en mensonge, je me ferais scrupule de l'accuser d'un onzième! et j'irai croire plutôt que la nature a interrompu le cours de ses lois éternelles, elle que je n'ai jamais trouvée en défaut!

— A cela, je ne puis vous rien répondre, répliquai-je; mais l'apparition que nous vîmes hier n'en demeure pas moins incompréhensible pour moi.

— Elle l'est aussi pour moi, dit le prince, quoique pourtant j'aie réussi à trouver une clef.

— Comment cela? repartis-je.

— Ne vous souvenez-vous pas que la seconde figure, dès l'instant qu'elle parut, s'approcha de l'autel, prit le crucifix dans ses mains et s'avança sur le tapis?

— C'est aussi ce qu'il m'a paru.

— Et le crucifix, nous dit le Sicilien, était un conducteur. Vous voyez par là que cette figure s'électrisait en avançant. Le coup d'épée que lui donna lord Seymour ne put donc qu'être sans effet, parce que la commotion électrique paralysa son bras.

— Ce que vous dites est juste pour ce qui regarde l'épée; mais la balle que le Sicilien tira sur lui, et que nous entendîmes rouler lentement sur l'autel ?

— Êtes-vous bien sûr que ce fût une balle sortie du pistolet que vous avez entendu rouler? Je ne veux pas vous dire ici que le mannequin ou l'homme qui représentait l'esprit pouvait être si bien cuirassé, qu'il fût à l'abri du feu et de l'épée; mais réfléchissez seulement à la personne qui a chargé les pistolets.

— Cela est vrai, repris-je, et ce que vous me dites ici est pour moi un trait de lumiere. Ce fut le Russe qui les chargea. Mais cela s'est passé sous nos yeux : comment aurait-il pu y avoir auparavant quelque tromperie ?

— Et pourquoi ne pourrait-il donc pas y en avoir eu ? aviez-vous donc déjà de la méfiance de cet homme, et aviez-vous jugé convenable de l'observer ? Avez-vous examiné la balle avant qu'il l'eût mise dans le canon du pistolet : cette balle, qui pouvait être aussi bien du vif-argent, ou même d'argile peint, avez-vous bien pris garde si véritablement il l'a introduite dans le canon du pistolet, et s'il ne l'a pas laissé tomber dans sa main ? Qu'est-ce qui nous persuade, supposé même que les pistolets eussent été chargés à balle, qu'il a porté en effet les pistolets chargés dans l'autre pavillon, et qu'il n'en a pas substitué à leur place une autre paire? ce qui a pu arriver d'autant plus facilement, que personne ne s'est avisé de l'observer, que pendant ce temps nous étions occupés à nous déshabiller. Et ce fantôme n'a-t-il donc pas pu, pendant que la fumée le dérobait à nos regards, faire tomber sur l'autel une autre balle dont il s'était muni en cas de nécessité.? Dans toutes ces suppositions, qu'y a-t-il d'impossible?

— Vous avez raison; mais cette parfaite ressemblance du spectre avec votre ami mort? Je l'ai vu très-souvent chez vous, et je l'ai reconnu sur-le-champ dans l'esprit qui nous est apparu.

— Et moi aussi ; et je ne peux rien dire, sinon que l'illusion a été poussée au plus haut point. Mais si maintenant ce Sicilien, pour avoir jeté à la dérobée quelques regards sur ma tabatière, a bien pu produire dans son mannequin cette ressemblance qui vous a frappé, et moi aussi, pourquoi le Russe n'aurait-il pas pu la faire encore plus facilement, lui qui pendant tout le dîner a eu un libre usage de ma tabatière, et qui a joui de l'avantage de ne point être observé, et à qui j'ai même découvert en confidence quel était l'original du portrait? Ajoutez encore ce que le Sicilien a remarqué lui-même, que l'air du visage du marquis consiste en quelques traits prononcés qu'il est facile d'imiter dans une représentation grossière; et maintenant, dites-moi donc où est la chose incompréhensible dans toute cette apparition?

— Mais ces paroles! les détails qu'il vous a donnés sur votre ami!

—Et le Sicilien ne nous a-t-il donc pas dit que sur ce qu'il avait tiré de moi, il avait fait une histoire vraisemblable? cela ne prouve-t-il pas combien il est naturel de se laisser prendre à ces inventions? D'ailleurs les réponses de l'esprit étaient toutes obscures comme des oracles et il ne courait aucun risque de se voir contredit. Posez que ce bouffon qui faisait le revenant eût quelque esprit, quelque perspicacité, et fût instruit seulement un peu des circonstances, et dites-moi jusqu'à quel point cette jonglerie n'aurait-elle pas pu aller?

— Mais, voyez-vous, monseigneur, combien il a fallu, du côté de l'Arménien, prendre part à une imposture si bien concertée; combien de temps lui a été nécessaire; combien de temps seulement, pour imiter une tête d'homme aussi fidèlement que celle qui nous a été présentée; combien de temps pour instruire le fantôme substitué, si bien que l'on fût assuré contre toute grossière erreur; quelle attention n'ont pas exigé mille petits détails secondaires qui ne devraient ni se rencontrer avec les opérations du Sicilien, ni les contrarier: et rappelez-vous que le Russe n'a été absent qu'une demi-heure. A-t-il donc pu, en moins d'une demi-heure, faire toutes ces dispositions qui étaient indispensables pour ses projets? En vérité, monseigneur, un auteur dramatique qui, tout embarrassé dans les trois inexorables unités d'Aristote, chargerait un entr'acte de tant de faits et d'actions, aurait une confiance bien entière dans l'indulgence du parterre.

— Ainsi, vous regardez donc comme tout-à-fait impossible que tous ces préparatifs aient pu être faits dans une petite demi-heure?

— Dans le fait, autant vaut.

— Je ne puis comprendre cette manière de parler. Serait-ce dans une chose qui blesse toutes les loix des lieux, du temps, enfin qui contrarie la nature, qu'un homme aussi habile en intrigues que l'est incontestablement cet Arménien, avec le secours de ses créatures peut-être aussi déliées que lui dans l'obscurié de la nuit, n'étant observé de personne, aidé au contraire de tous les moyens dont un homme de cette trempe ne se sépare jamais; que cet homme, dis-je, favorisé par toutes ces circonstances, ait pu en si peu de temps venir à bout de tant de choses? Ne peut-on pas penser, est-il absurde de croire qu'avec le secours de quelques mots et même de simples signes, il puisse se faire entendre aux lois de ses suppôts, et qu'il lui suffise de quelques paroles pour commander des opérations qui doivent avoir lieu dans un même temps, mais en d'autres lieux?

— Et faut-il donc nécessairement, pour vous fermer la bouche, qu'une impossibilité bien évidente contrarie les lois éternelles de la nature? Aimez-vous mieux croire à un miracle, qu'admettre de l'invraisemblance?

renverser toutes les forces de la nature, que tomber d'accord d'une combinaison de ses forces peu ordinaire et produite par l'art ?

— Si la chose ne conduit pas tout-à-fait à une conséquence aussi téméraire, vous conviendrez du moins qu'elle passe de beaucoup toutes nos idées.

— J'aurais presque envie de vous disputer encore ce point, dit le prince avec vivacité et finesse. « Eh! quoi, mon cher comte, s'il se trouvait, par exemple, que l'on aurait travaillé par l'Arménien, non pas seulement pendant une demi-heure, non pas seulement à la hâte, sur-le-champ, mais toute la soirée et toute la nuit ; faites donc réflexion que le Sicilien a employé à ses préparatifs presque trois grandes heures. »

— Le Sicilien ? monseigneur.

— Et prouvez-moi donc, si vous pouvez, que le Sicilien n'a pas pris autant de part à la seconde apparition qu'à la première ?

— Comment ! monseigneur.

— Qu'il n'était pas le premier suppôt de l'Arménien, et qu'enfin ces deux personnages ne faisaient pas deux têtes dans un bonnet ?

— Cela pourrait être difficile à prouver ! m'écriai-je avec une surprise qui n'était pas médiocre.

— Pas si difficile ! mon cher comte, que vous vous l'imaginez.

Comment! ce serait un coup de hasard, que ces deux hommes se fussent rencontrés dans un dessein si singulier et si difficile à exécuter sur une même personne, dans un même temps et dans un même lieu; que dans leurs opérations mutuelles, il y ait eu une harmonie si concordante, une intelligence si parfaite, que l'un ait eu l'air de travailler pour l'autre? Supposez, je le veux bien, qu'il a employé un tour de passe-passe grossier pour servir de préparation à un plus fin; il s'est alors créé un Hector, afin d'en être l'Achille. Supposez encore qu'il a mis en avant ce Sicilien, pour s'assurer jusqu'à quel point il pouvait se fier à ma crédulité, pour opérer les moyens de surprendre ma confiance; pour, au moyen de cet essai, qui pouvait ne pas réussir sans nuire au reste de son plan, se familiariser avec le sujet sur lequel il voulait se jouer de son instrument; supposez encore qu'il n'eût fait tout cela que pour tenir mon attention éveillée sur un point, tandis qu'il l'endormait sur tout autre plus important pour lui. Supposez enfin, si vous le voulez, qu'il avait quelques informations à prendre, qu'il espérait que ses manœuvres seraient mises sur le compte du bateleur, ce qui en ferait perdre les véritables traces.

— Que voulez-vous dire par là?

—Vous ne pouvez m'empêcher de croire qu'il a corrompu un de mes gens pour avoir des notions, peut-être même des papiers qui l'ont mené à son but. J'ai perdu mon chasseur. Qu'est-ce qui m'empêche de croire que l'Arménien ne soit pas pour quelque chose dans la disparition de cet homme? Mais l'occasion se trouvera peut-être où je pourrai voir clair dans toutes ces intrigues. On peut surprendre une lettre, on peut faire parler des valets. Toute sa contenance le décelera, si je viens à découvrir les sources de sa science universelle. Maintenant, il pousse ce misérable jongleur dans l'abîme, pour que ce soit sur lui que portent mes plaintes.

Il n'a pas manqué de m'avertir à l'avance de l'existence et des desseins de cet homme. D'après cela, quelque chose que je puisse découvrir, mon soupçon ne tombera pas sur un autre que sur le faiseur de tours, et le Sicilien prêtera son nom pour essayer toutes les recherches qui devraient concerner l'Arménien, c'est la poupée avec laquelle il me fait jouer, pendant que lui-même, inobservé et à l'abri du soupçon, m'enlace de filets invisibles.

— Fort bien; mais comment conciliez-vous avec ces desseins que lui-même aide à démêler le fourbe et laisse des yeux profanes pénétrer les secrets de son art ?

— Eh! quels sont donc ces secrets qu'il m'a laissé pénétrer? certes, aucun de ceux dont il a envie de faire usage relativement à moi : il n'a donc rien perdu par cette profanation. Bien plus, combien n'a-t-il pas gagné si, par ce prétendu triomphe remporté sur la fourbe et l'imposture, il m'a rendu confiant et tranquille : s'il a réussi à diriger ma vigilance d'un côté tout-à-fait opposé au véritable; à fixer mes soupçons, encore incertains et vagues, sur des objets tout-à-fait éloignés du lieu propre de l'attaque? car il peut s'attendre qu'un jour, un peu plus tôt, un peu plus tard, soit de moi-même, soit poussé par mes amis, je chercherai dans la jonglerie la clef de ces prodiges. Que pouvait-il faire de mieux que de les attribuer à un autre, de me rendre juge pour ainsi dire, et de brouiller tout-à-fait mes idées en les éloignant de la vérité? A combien de conjectures n'a-t-il pas, en une fois, coupé court par cette adresse? Combien d'objections ne se trouvent point déjà réfutées, et sur lesquelles, dans la suite, j'aurais pu m'appesantir?

— Au moins, a-t-il tout-à-fait travaillé contre lui, puisqu'il a éveillé les yeux de ceux qu'il voulait tromper, et qu'en dévoilant une fourbe aussi adroite, il a anéanti la foi que l'on avait aux prestiges! Vous êtes, monseigneur, la meilleure réfutation possible de son plan, si pourtant il en avait un.

— Peut-être s'est-il trompé sur mon compte; mais cela ne fait pas qu'il ait plus mal raisonné. Pouvait-il voir d'avance, que je garderais précisément dans ma mémoire tout ce qui pouvait servir de clef pour expliquer ces prodiges? Entrait-il dans son plan que l'homme dont il s'était servi, me donnât tant de prise sur lui? Savons-nous même si ce Sicilien n'a pas outre-passé ses pouvoirs? Pour ce qui s'agit de l'anneau, certainement. Et pourtant il est bien sûr que c'est la seule circonstance qui m'ait décidé à me défier de cet homme. Mais combien il était facile qu'un plan aussi artistement et aussi délicatement ourdi, fut défiguré, en passant par une bouche grossière? sans doute ce n'était pas son dessein que ce faiseur de tours allât, d'un ton de vendeur d'orviétan, proclamer sa gloire, et donner la clef des fables que la seule réflexion suffit pour éclaircir. Par exemple, de quel front ce charlatan peut-il nous soutenir que son faiseur de miracles doit, au coup de minuit, cesser tout commerce avec les hommes? Ne l'avons-nous pas vu, à cette heure, au milieu de nous?

— Cela est vrai! m'écriai-je, il faut qu'il l'ait oublié. »

Mais il est dans le caractère des gens de cette sorte, d'outre-passer toujours leur charge, et en faisant trop, ils gâtent tout, tandis que, par une fourbe adroite et bien mesurée, ils auraient fait des merveilles.

« Je ne puis pourtant pas encore me résoudre, monseigneur, à ne regarder toute cette chose que comme un jeu concerté. Comment! la terreur du Sicilien, ses convulsions, son évanouissement, tout l'état pitoyable où nous l'avons vu et qui a ému notre compassion, tout cela n'aurait été qu'un rôle appris d'avance? Je veux même que la comédie ait pu se pousser aussi loin : cependant, l'art de l'acteur ne peut pas aller jusqu'à commander aux organes de la vie.

— Ah! pour cela, mon cher ami, j'ai vu *Richard III* joué par *Garrick*, et puis, étions-nous dans ce moment assez de sang froid, assez de loisir pour nous porter comme observateurs impartiaux? Pouvions-nous examiner les affections de cet homme, quand les nôtres nous dominaient entièrement? D'ailleurs, le moment décisif même lorsqu'il est question d'une fourberie est pour le fourbe une affaire assez importante pour que l'attention puisse facilement produire en lui des symptômes aussi violens que la surprise chez ceux qui se trouvent dupes. Comptez aussi pour quelque chose l'apparition inopinée des archers.

— Eh bien! cette apparition, monseigneur? bon, puisque vous me le rappelez...... Aurait-il pu se tenir assez sur ses gardes pour soustraire aux yeux de la justice une trame aussi dangereuse, et soumettre à une aussi sérieuse épreuve la fidélité de sa créature? d'ailleurs, à quoi bon?

— Mon Dieu! reposez-vous donc sur lui qui doit connaître ses gens. Savons-nous quel crime secret lui répond du silence de cet homme.... Vous avez entendu de quel emploi il était revêtu à Venise.... Combien ne doit-il pas lui en coûter de servir d'aide à ce personnage qui n'a pas d'autre accusateur que lui?

Dans le fait, la suite des événemens justifie, en cette occasion, les soupçons du prince; car, ayant quelques jours après, demandé des nouvelles de notre prisonnier, nous apprîmes qu'il avait disparu.

— Et à quoi bon, demandez-vous? Pour quel moyen autre qu'un aussi violent eût-il donc pu arracher au Sicilien une confession aussi invraisemblable, aussi ignominieuse que celle dont pourtant il s'agissait alors? Quel autre, qu'un homme désespéré et qui n'a plus rien à perdre, eût pu se résoudre à donner sur lui-même des ouvertures aussi humiliantes? Et dites-moi, dans toute autre circonstance même, aurions-nous pu y ajouter foi?

— Je conviens de tout, monseigneur, dis-je à la fin, ces deux apparitions ne sont autre chose que des tours de passe-passe. Le Sicilien, je le veux croire, ne vous a conté que des fables dictées par son maître ; tous deux s'entendaient ensemble pour quelque but, pour quelque dessein, et au moyen de cette intelligence on doit pouvoir expliquer tous les événemens extraordinaires qui, dans le cours de cette aventure, nous ont plongés dans la surprise. Les seules prédictions faites sur la place de Saint-Marc, le premier prodige qui a donné le signal pour le reste, demeure encore sans explication ; et que nous sert d'avoir la clef des autres, si nous désespérons de comprendre celui-là seul?

— Ne vous alambiquez donc pas l'esprit pour tout cela, mon cher comte, me répondit le prince; dites-moi ce que prouvent tous ces prodiges, si j'en tire pour conséquence que ce n'était pas autre chose que des fourberies? Cette prédiction, cependant, je vous l'avoue, confond toute ma sagacité; supposez qu'elle fût unique et que l'Arménien eût terminé son rôle précisément là où il l'a commencé. J'en conviens, je ne sais pas où cela aurait pu me conduire; mais, en si mauvaise compagnie, ce prodige me paraît un peu suspect. Le temps l'éclaircira ou ne l'éclaircira pas. Au reste, croyez-moi, mon ami, (et en disant cela il mit sa main dans la mienne et prit un air solennel) un homme à qui les puissances supérieures obéissent n'a pas besoin de tours de passe-passe, ou les méprise. »

Ainsi se termina un entretien que j'ai voulu rapporter ici dans son entier, parce qu'il prouve les difficultés qu'il y avait à vaincre dans l'esprit du prince, et parce qu'il pourra, à ce que j'espère, purger sa mémoire du reproche de s'être laissé précipiter en aveugle et en insensé dans les lacs que lui avait préparés un art diabolique.

« Je doute fort, continua le comte d'O...., que tous ceux qui, dans le moment où j'écris ceci, jettent peut-être sur sa faiblesse un souris moqueur, et enorgueillis d'une raison qui peut-être n'a encore éprouvé aucune contradiction, se croient en droit de briser sur sa tête la baguette de condamnation; je doute fort qu'ils eussent pu supporter cette épreuve d'une manière aussi virile. Si malgré toutes ces heureuses préparations, cependant, on le voit tomber, si ce noir projet contre lequel son bon génie le tenait averti, dès les premiers indices, on le voit pourtant s'accomplir dans toutes ces parties, ce n'est pas à sa propre folie qu'il faut s'en prendre; mais il faut s'étonner de la profondeur de la méchanceté humaine qui a su triompher d'un esprit si bien prémuni. Aucune considération humaine ne peut avoir de part au témoignage que je rends, puisque celui qui eût pu m'en savoir gré n'est plus. Déjà depuis long-temps son âme s'est purifiée auprès du trône de la vérité, devant lequel la mienne sera aussi depuis long-temps lorsque le monde lira cet écrit. Mais que l'on me pardonne les larmes qui tombent involontairement de mes yeux au souvenir de mon ami le plus cher, que l'on me permette, pour payer une dette à la justice, d'écrire ces mots. « Ce fut un homme généreux, et certes il eût été l'ornement du trône, qu'il s'était laissé persuader d'acquérir par un crime. »

« Peu de temps après cette dernière aventure, continua de raconter le comte d'O...., je commençai à remarquer un changement important dans l'humeur du prince, changement qui était en partie une suite immédiate du dernier événement, et qui en partie était produit par un concours de circonstances fortuites. Jusque là, le prince avait évité de donner aucun témoignage marqué de sa croyance, et s'était contenté de chercher à épurer les notions brutes et toutes matérielles de religion, qu'il avait reçues de son éducation, au moyen des idées plus élevées qu'il avait conçues ensuite, ou bien de les fondre ensemble, sans faire de recherches sur les principes de sa croyance. Il m'a avoué très-souvent que les objets de la religion étaient pour lui comme un château enchanté, dans lequel on ne peut mettre le pied, sans une sorte d'horreur, et devant lequel, si l'on veut bien faire, on passe avec une vénération profonde sans s'exposer au danger de se perdre dans le labyrinthe. Une éducation bigote et servile avait été la source de cette crainte: elle avait imprimé à son tendre cerveau une terreur dont il n'avait pas pu pendant toute sa vie entièrement s'affranchir, une sorte de mélancolie religieuse étant une maladie héréditaire dans sa famille, l'éducation qu'on lui avait donnée, à lui et à ses frères, avait été calculée sur cette disposition, et les hommes auxquels on les confia avaient été choisis d'après ce point de vue, et étaient ou exaltés ou hypocrites. Étouffer toute la vivacité de l'enfant, sous une contrainte sourde et abrutissante, était le seul moyen de parvenir à contenter ses parens timorés.

Voilà quelle physionomie sombre et ténébreuse avait eue toute la jeunesse de notre prince; même de ses jeux la joie était bannie. Toutes les idées qu'il se formait de la religion avaient quelque chose de terrible ; et la cruauté, la rigueur, était ce qui s'était emparé et ce qui était resté maître de son imagination. Son Dieu était un objet de terreur, un être avide de vengeance ; sa piété un tremblement servile et aveugle, sa force et sa hardiesse une apathique résignation. La religion était venue s'opposer à tous les désirs de son enfance ou de sa jeunesse, auxquels un corps vigoureux et une santé florissante donnaient une violence encore plus grande. Elle avait combattu tout ce que son jeune cœur eût aimé, et il avait appris à la connaître, non pas comme un bienfait, mais comme un obstacle à ses passions. Il s'était donc allumé en lui insensiblement une indignation secrète, qui produisait dans son cœur et dans sa tête le mélange le plus bizarre de la foi respectueuse et de la crainte aveugle. Il regimbait contre un maître devant lequel il tremblait.

Il n'est donc pas bien extraordinaire qu'il ait saisi la première occasion de secouer un joug aussi pesant; mais il le secoua comme un esclave qui échappe à une dure servitude, et qui même au sein de la liberté porte encore le sentiment de ses chaînes. Aussi, comme ce n'était pas par un choix réfléchi qu'il avait renoncé à la foi de ses ancêtres; comme il n'avait pas attendu qu'une raison saine et mûrie l'eût entièrement affranchi; comme il s'était évadé semblable à un fuyard sur lequel le maître conserve toujours ses droits, quelque grands qu'eussent été ses écarts, il était toujours revenu. Il s'était enfui avec ses chaînes, et par conséquent devait être la proie de tout imposteur qui pouvait le découvrir et savait se servir de lui. Il s'en trouva un; et quand même on ne l'aurait pas déjà deviné, la suite de cette histoire le fera découvrir.

Les aveux du Sicilien produisirent sur son âme des effets beaucoup plus importans que l'aventure entière ne devait le faire, et la petite victoire que sa raison venait de remporter sur cette faible illusion avait augmenté, d'une manière extrêmement remarquable, la confiance qu'il avait en ses lumières. La facilité avec laquelle il était parvenu à dévoiler cet imposteur, parut l'avoir surpris lui-même. La vérité et l'erreur n'étaient pas assez distinctes l'une de l'autre dans cette tête, pour qu'il ne lui arrivât pas souvent de confondre les bases de l'une avec les fondemens de l'autre. Aussi, le même coup qui détruisait la confiance qu'il avait en un prodige, ébranlait tout l'édifice de sa foi. Il lui arriva en cette occasion comme à un homme encore neuf, qui a été trompé en amitié ou en amour, pour avoir fait un mauvais choix, et qui perd toute espèce de confiance en ces sentimens, parce qu'il prend de simples apparences pour des témoignages certains. Un imposteur démasqué lui rendit la vérité même suspecte, parce que malheureusement il se faisait une fausse idée des signes auxquels on connaît la vérité.

Ce prétendu triomphe lui causa un plaisir d'autant plus grand que l'impression avait été plus profonde, dont il s'imaginait être délivré. Dès ce moment, il s'établit dans son âme un penchant au doute, qui n'épargna pas même ce qu'il y avait de plus respectable.

Plusieurs choses vinrent encore contribuer à le maintenir dans cette situation d'esprit et même à l'y affermir. La retraite dans laquelle il avait vécu cessant, fit place à une vie dissipée. Son état était connu; les honneurs qu'il dut recevoir, l'étiquette dont il était comptable à son rang, l'entraînèrent insensiblement dans le tourbillon du grand monde. Son état, aussi bien que ses qualités personnelles, lui ouvrirent les cercles de Venise les plus distingués par l'esprit. Bientôt il se vit en relation avec les têtes les plus fortes de la république, soit comme savans, soit comme hommes d'état; cela l'obligea d'étendre le cercle uniforme et étroit dans lequel jusque là son esprit s'était promené. Il commença à connaître combien étaient pauvres et bornées ses idées, et à sentir le besoin d'une instruction plus relevée. Son esprit avait conservé d'ailleurs de son éducation une vieille routine qui était toujours en contraste avec les idées vives de la société; et son ignorance des choses les plus connues l'exposait au ridicule. Or, il ne craignait rien tant que le ridicule. Son pays jetait sur lui un malheureux préjugé, auquel il se crut obligé de donner dans sa personne un démenti formel. Cela produisit dans son caractère cette nouvelle singularité, que chaque politesse lui déplaisait, quand il pouvait penser qu'elle était adressée à son état et non à lui personnellement. Il recevait ordinairement ces sortes de devoirs en présence de personnes qui brillaient par leur esprit, et chez qui le mérite personnel l'emportait encore sur la naissance. Dans une pareille société, se voir mettre à part et traité comme prince était pour lui une profonde humiliation, parce qu'il croyait malheureusement que ce nom l'excluait de toute concurrence.

Tout cela réuni, lui persuada la nécessité de donner à son esprit la forme et la culture qu'il avait jusque là négligées, afin de rattraper les années dont il était resté en arrière, et pendant lesquelles le monde pensant et spirituel avait fait tant de progrès. Il se jeta pour cela dans la lecture des livres les plus modernes, et il s'y adonna avec cette application qu'il mettait à tout ce qu'il entreprenait. Mais la mauvaise main qui tira pour lui dans cette loterie de nombreux écrits, ne tomba pas sur ceux qui pouvaient le mieux nourrir son cœur et son esprit. De plus, il fut encore saisi, dans cette circonstance, de son penchant favori, qui l'entraînait avec un charme irrésistible vers tout ce qu'il ne pouvait pas comprendre. Il n'eut d'attention et de mémoire que pour ce qui avait quelque rapport à ces sortes de systèmes. Son cœur et son esprit restèrent vides, pendant que les tablettes de son cerveau se remplissaient de ses idées embrouillées. Le style ténébreux de l'un emportait son imagination d'un côté, tandis que les pointes d'esprit de l'autre exerçaient toute la finesse de son jugement. Il fut facile à ces auteurs de s'emparer d'un esprit qui était la proie de tout homme qui se présentait à lui avec une certaine hardiesse. Une lecture qui l'occupa pendant plus d'une année, au lieu de l'enrichir d'idées nourricières et bienfaisantes, vint lui remplir la tête de doutes qui, étant une conséquence naturelle de son caractère, trouvèrent bientôt vers son cœur un funeste chemin. Bref, il était descendu dans ce labyrinthe en homme exalté et prêt à tout croire : il en sortit doutant de tout et esprit fort déterminé.

Parmi les cercles dans lesquels on avait su l'attirer, il y avait une certaine société secrète nommée *le Bucentaure*, qui, sous l'apparence extérieure d'une liberté d'esprit noble et raisonnable, favorisait la licence la plus effrénée des opinions et des mœurs. Comme elle comptait parmi ses membres beaucoup d'ecclésiastiques, et même comme les noms de quelques cardinaux étaient à la tête, le prince fut d'autant plus facilement résolu à s'y laisser introduire.

Il y avait, pensait-il, de certaines vérités dangereuses, qui n'étaient jamais mieux déposées qu'entre les mains de ces sortes de personnes, que leur état oblige à la modération, et qui ont encore l'avantage d'avoir vu et éprouvé les deux parties. Le prince oubliait ici que le libertinage de l'esprit et des mœurs, chez les personnes de cet état, fait d'autant plus de progrès, qu'il trouve moins d'obstacles pour s'opposer à ses ravages. Et voilà en effet ce qui était arrivé dans *le Bucentaure*, dont la plupart des membres, par une philosophie détestable et par des mœurs dignes d'une semblable directrice, faisaient honte, non-seulement à leur état, mais à l'humanité. La société avait ses degrés secrets, et je veux croire, pour l'honneur du prince, que jamais il ne fut digne de connaître l'intérieur du sanctuaire. Celui qui entrait dans cette société devait, au moins aussi long-temps qu'il y vivait, renoncer à son rang, à sa nation, à sa religion, enfin à toutes les distinctions de convention, et faire profession d'une sorte d'égalité universelle. Le choix des membres était sévère, parce qu'il n'y avait que les avantages de l'esprit qui pussent y conduire. La société se piquait d'une politesse exquise et du goût le plus distingué; et telle était aussi la réputation qu'elle avait dans tout

Venise. Cette réputation, aussi bien que l'apparence de l'égalité qui y régnait, entraînèrent le prince irrésistiblement. Une conversation pleine d'érudition et égayée par l'esprit le plus agréable, des entretiens animés, le monde le plus choisi parmi les savans et les politiques qui se réunissaient là, comme dans un centre, voilèrent pendant long-temps à ses yeux le danger de cette société; lorsque enfin, et petit à petit, l'esprit de l'institut lui apparut à travers le masque, ou bien lorsqu'on se lassa d'être toujours sur ses gardes en sa présence, la retraite était devenue dangereuse, et une fausse honte, aussi bien que le soin de sa sûreté, le forcèrent à dissimuler son mécontentement intérieur; mais déjà, par une suite d'une espèce de familiarité avec cette sorte d'hommes, et avec les sentimens qu'ils professaient, s'il n'avait pas été entraîné jusqu'à l'imitation; au moins il avait perdu cette pure et noble ingénuité qui faisait son caractère et toute la délicatesse de ses sentimens. Sa raison appuyée sur si peu de connaissances positives ne pouvait sans secours étrangers délier le nœud des sophismes adroits dont on l'enlaçait; et sans qu'il s'en aperçût lui-même, ce mordant funeste eût bientôt rongé presque tous les appuis sur lesquels se reposait sa moralité. Il rejeta bientôt comme de vains sophismes les bases naturelles et nécessaires de son bonheur, parce qu'elles l'abandonnaient dans un moment décisif, et le forçaient de s'en tenir aux premiers raisonnemens arbitraires qu'on lui présenterait.

Peut-être la main d'un ami eût-elle réussi à le tirer de cet abîme. Mais, outre que je ne parvins à connaître l'intérieur du *Bucentaure* que long-temps après, et lorsque le mal était déjà fait, une circonstance impérieuse m'avait fait quitter Venise vers ce temps-là même. Milord Seymour, liaison précieuse pour le prince, dont la tête froide était inaccessible à toute tromperie, et qui certainement eût pu lui servir d'un ferme rempart, nous quitta aussi à cette époque pour retourner dans sa patrie. Ceux entre les mains de qui je laissai le prince étaient à la vérité de fort honnêtes gens, mais sans expérience et assez bornés dans la connaissance de leur religion; du reste, sans crédit auprès du prince, comme aussi sans talent pour pénétrer le mal. A ses sophismes captieux ils ne savaient rien opposer que les décisions pleines de roideur d'une croyance aveugle et sans examen; ce qui ne pouvait que l'irriter ou le divertir. Il vint à bout d'eux trop facilement, et son esprit supérieur réduisit bientôt au silence ces mauvais défenseurs de la bonne cause, comme on le verra dans une aventure que je raconterai dans la suite. Quant aux autres, qui s'emparèrent de sa confiance, c'était leur grande affaire de le plonger toujours plus profondément dans l'abîme. Aussi, lorsque l'année suivante je revins à Venise, comme je trouvai tout changé!

L'influence de cette nouvelle philosophie se montra bientôt dans la vie du prince. Dès l'instant qu'il devint si répandu dans Venise, et qu'il se fit tant de nouveaux amis, il commença à perdre les anciens; il se plaisait moins avec moi de jour en jour; aussi nous ne nous voyons plus que rarement, et véritablement il était à peine possible de jouir de lui. Le tourbillon du grand monde s'en était saisi. Jamais sa porte n'était libre quand il était chez lui. Ce n'était que parties de plaisir, fêtes et visites, qui se succédaient sans interruption. Il était la beauté auprès de qui tout s'empresse, le dieu et l'idole de tous les salons. Surpris lui-même, autant autrefois dans le silence de la vie retirée il avait pensé que ce monde était lourd et difficile à supporter, autant maintenant il le trouvait léger et agréable; tout lui réussissait, tout ce qui sortait de sa bouche était parfait, et lorsqu'il se taisait, c'était un vol qu'il faisait à la société.

Ce bonheur qui le suivait partout, ce succès général, en lui donnant du courage et de la confiance en lui-même, le rendirent encore plus absolu dans ses idées. L'opinion élevée que d'après cela il se forma de son propre mérite lui donna de la foi dans les respects exagérés et presque idolâtres que l'on rendait à son esprit ; respects qui nécessairement lui auraient paru suspects s'il n'avait pas eu ce sentiment de soi, fondé en quelque manière, quoique outré. Certainement il eût échappé à ce piége, si on l'eût laissé respirer, si on ne lui eût pas envié un peu de loisir pour établir en repos une comparaison entre son propre mérite et l'image qui lui était présentée dans un miroir aussi flatteur.

Mais son existence était un état continuel d'enivrement. Plus on l'avait placé haut, plus il avait à faire pour se maintenir à cette hauteur. Cette tension continuelle le consumait lentement. Le sommeil avait fui de ses paupières. On avait pénétré jusque dans l'intérieur de son âme et bien calculé les passions que l'on allumait en lui.

Bientôt ses cavaliers eurent à s'apercevoir que leur maître était devenu un génie. Les idées graves et les vérités respectables, auxquelles son cœur avait jusque là été chaudement attaché, commencèrent à être les objets de ses railleries. Il se vengeait sur les vérités de la religion de la contrainte dans laquelle la nécessité de croire l'avait tenu. Mais la voix de son cœur luttait en lui-même contre les vertiges qui remplissaient sa tête et qui produisaient en lui plus d'aigreur et d'amertume que de contentement et de sécurité. Son naturel commença à changer, les caprices naquirent. Le plus bel ornement de son caractère, sa modestie, disparut. Les flatteurs avaient empoisonné son excellent cœur. La délicatesse aimable de sa conversation familière, qui avait toujours fait oublier à ses cavaliers qu'il était leur maître, était souvent remplacée par un ton impérieux et décisif, d'autant plus affligeant pour eux qu'il ne se fondait pas sur une distance extérieure de naissance, dont après tout on se console facilement et à laquelle lui-même pensait peu, mais sur l'opinion désobligeante de sa supériorité.

Comme il arrivait souvent que chez lui il était livré à des réflexions qui n'osaient pas l'assaillir dans l'ivresse de la société, ses propres domestiques ne le voyaient guère que sombre, soucieux et malheureux ; tandis qu'il animait tous les cercles par une gaîté forcée.

Nous le voyions avec la douleur d'un intérêt véritable s'avancer dans ce chemin dangereux ; mais dans le tumulte au travers duquel il était lancé, il n'écoutait plus la faible voix de l'amitié, et il était encore trop heureux pour l'entendre.

Ce fut vers cette époque que je fus obligé de me rendre à la cour de mon souverain pour une affaire importante, à laquelle je ne fus pas maître de préférer les intérêts les plus chers de l'amitié. Une main invisible, qui ne m'a été connue que long-temps après, avait trouvé moyen d'embrouiller tout relativement à moi, et de semer des bruits tels que je dus me hâter d'aller les détruire par ma présence.

Ma séparation d'avec le prince

fut très-pénible pour moi : il n'en fut pas de même pour lui. Déjà depuis long-temps étaient relâchés les liens qui l'avaient attaché à moi ; mais son destin avait éveillé toute ma sollicitude, et je fis promettre au baron de F** de me tenir par ses lettres au courant du journal qu'il a continué avec scrupule. Depuis lors, et pendant long-temps, je ne suis donc plus témoin oculaire de cette aventure ; on me permettra de mettre le baron de F** à ma place et de remplir cette lacune par des extraits de ses lettres. Quoique sa manière de présenter les événemens ne soit pas toujours la même que la mienne, cependant je n'ai voulu rien changer à ses expressions, parce que le lecteur y démêlera la vérité avec moins de peine.

LE BARON DE F*** AU COMTE
DE O***.

Première lettre.

Mai 17...

« Mille remercîmens, mon très-
» honorable ami, de ce que vous
» m'avez permis de continuer avec
» vous, absent, les relations d'intimité
» qui faisaient mon plus grand bon-
» heur pendant votre séjour avec
» nous. Ici, vous le savez, il n'y
» a personne avec qui je puisse

» me hasarder à me laisser aller sur
» certaines choses, et quoi que vous
» me puissiez dire là-dessus, ce peu-
» ple m'est odieux. Depuis que le
» prince est devenu un des leurs, et
» depuis que vous nous avez été
» tout-à-fait arraché, je suis seul au
» milieu de cette cité populeuse.
» Z** prend son parti plus facile-
» ment, et les belles de Venise savent
» bien lui faire oublier les chagrins
» qu'au logis il est obligé de par-
» tager avec moi. Et qu'aurait-il d'ail-
» leurs à se chagriner? Il ne voit,
» il ne comprend dans le prince rien
» autre chose qu'un maître qu'il
» trouve partout. Mais moi! vous
» savez combien vivement mon cœur

» ressent le bien ou le mal qui ar-
» rive à notre prince, et quelles fortes
» raisons j'ai pour cela. Voilà seize
» ans que je suis auprès de sa per-
» sonne, que je ne vis que pour lui.
» A l'âge de neuf ans je suis entré
» à son service, et depuis ce moment
» aucun événement ne m'a séparé
» de lui. J'ai grandi sous ses yeux :
» une longue habitude m'a façonné
» à lui. J'ai partagé avec lui ses gran-
» des et ses petites aventures. Ma
» vie consiste dans sa félicité. Jus-
» qu'à cette malheureuse année, je
» n'ai vu en lui que mon ami, mon
» frère aîné. Je vivais comme sous
» un ciel pur et serein : aucun nuage
» ne troublait mon bonheur : et il

» faut que tout cela vienne se rui-
» ner dans cette funeste ville de
» Venise!

» Depuis que vous nous avez quit-
» tés, tout est changé autour de nous.
» Le prince de D** est arrivé ici la
» semaine dernière, avec une suite
» considérable, et a donné à notre
» cercle une nouvelle vie tumul-
» tueuse. Comme notre prince et lui
» sont proches parens, et sur un as-
» sez bon pied ensemble, ils ne se sé-
» pareront pas pendant son séjour ici,
» qui durera, du moins à ce que j'en-
» tends dire, jusqu'à la fête de l'As-
» cension. Le commencement est
» déjà bien : depuis dix jours, c'est
» tout au plus si le prince a pu res-

» pirer. Le prince de D** s'établit
» sur un ton de dépense très-con-
» sidérable; et il le peut parce qu'il
» repart bientôt. Mais le mal est
» que notre prince s'est trouvé en-
» traîné, d'abord parce qu'il ne pou-
» vait pas trop faire autrement, et
» puis parce qu'avec les rapports par-
» ticuliers qui existent entre leurs deux
» maisons, il a cru devoir soutenir
» l'éclat de la sienne. De là, il ar-
» rive que dans peu de semaines nous
» quitterons Venise, seul moyen pour
» lui d'éviter de continuer cette dé-
» pense extraordinaire.

» Le prince de D** est ici, à ce que
» l'on dit, pour les affaires de l'or-
» dre.... et s'imagine y jouer un rôle

» important. Aussi, vous vous faites
» aisément une idée de l'empresse-
» ment avec lequel tous les amis de
» notre prince s'en sont emparés. Il
» a été introduit avec pompe au *Bu-
» centaure*, où il est si heureux d'être
» traité en esprit fort et en tête
» pensante, que dans ses correspon-
» dances, qui s'étendent par tout
» l'univers, il ne se fait nom-
» mer que le *prince philosophe*. Je
» ne sais pas si vous avez jamais eu
» le bonheur de le voir. Un extérieur
» qui promet beaucoup, des yeux
» attentifs, la mine d'un homme pro-
» fond dans les sciences, une grande
» parade de lecture, une nature en-
» fin (passez-moi cette expression)

» qui annonce beaucoup d'acquit, et
» un dédain de prince pour les sen-
» timens des hommes ; ajoutez à cela
» une confiance héroïque en lui-
» même et une éloquence mépri-
» sante pour tout ce qui n'est pas
» lui ; comment refuser son hom-
» mage à de si brillantes qualités
» qui ornent une altesse royale ? La
» suite nous apprendra comment le
» mérite tranquille, silencieux et so-
» lide de notre prince se distinguera
» auprès de ces éclatantes perfec-
» tions.

» Il s'est fait depuis quelque temps
» de fort grands changemens dans no-
» tre intérieur. Nous avons pris une
» nouvelle maison. Elle est superbe,

» située auprès de la nouvelle *Procu-*
» *ratie*, parce que le prince était trop
» à l'étroit au Maure. Notre suite s'est
» augmentée de douze personnes,
» pages, maures, etc. etc. Tout est
» en grand à présent. Pendant votre
» séjour ici, vous vous êtes souvent
» plaint de la dépense; à présent il
» faudrait voir.

» Nos relations intérieures sont les
» mêmes qu'autrefois, excepté que
» le prince, qui n'est plus contraint
» par votre présence, est devenu
» avec nous peut-être encore plus
» froid et plus monosyllabique, et
» que nous ne le possédons plus
» guère qu'au moment de son lever
» et à celui de son coucher. Sous

» le prétexte que nous parlons mal
» le français et très-peu l'italien,
» il faut nous éloigner de presque
» toutes les sociétés; pour ce qui me
» regarde cela ne me cause aucun
» chagrin; mais je crois avoir pé-
» nétré la vérité : il rougit de nous,
» et cela m'afflige, parce que nous
» ne l'avons pas mérité.

» Comme vous voulez savoir les
» plus petites bagatelles, je vous di-
» rai que, de tous nos domestiques,
» il ne se sert guère que de *Biondello*,
» qu'il a pris, comme vous savez, à
» son service après la fuite de notre
» chasseur, et qui, d'après son nou-
» veau genre de vie, lui est devenu
» tout-à-fait nécessaire. Cet homme

» connaît tout à Venise, et il fait
» tout ce dont on a besoin. On croi-
» rait qu'il a mille yeux, mille mains
» à faire mouvoir. Il vient à bout
» de tout, dit-il, avec l'aide des
» gondoliers. Ce qui le met surtout
» en faveur auprès du prince, c'est
» qu'il lui fait toujours faire d'a-
» vance connaissance avec les nou-
» velles figures qui lui sont présen-
» tées dans les sociétés, et le prince
» a toujours trouvé juste les notions
» secrètes qu'il lui a données. De
» plus, il parle et il écrit parfaitement
» le français et l'italien, ce qui lui
» a donné l'occasion de s'élever jus-
» qu'à servir de secrétaire au prince.

» Je veux pourtant vous raconter

» de lui un trait de *fidélité* et de
» désintéressement qui est rare dans
» des gens de cette sorte. Dernière-
» ment un marchand considérable de
» Kimini demanda à être introduit
» auprès du prince, et cela causa
» à Biondello beaucoup de peine, et
» voilà pourquoi.

» Le procurateur, son dernier
» maître, était sans doute un saint
» d'une espèce particulière. Il avait
» vécu avec tous ses parens dans une
» inimitié irréconciliable, qui devait
» encore, à son sens, subsister autant
» que possible après sa mort. Bion-
» dello avait sa confiance exclusive.
» Il s'était accoutumé à lui faire la
» confidence de tous ses secrets, et

» Biondello avait dû lui jurer, à son
» lit de mort, de les garder fidèle-
» ment et de n'en faire aucun usage
» dont ses parens pussent tirer quel-
» que avantage. Un legs important
» devait être la récompense de sa
» discrétion. Lorsqu'on ouvrit le tes-
» tament et qu'on fit la recherche
» des papiers, on ne trouva que con-
» fusion et soustraction, sur lesquelles
» Biondello seul pouvait donner quel-
» ques explications; mais il nia opi-
» niâtrement qu'il eût connaissance
» de rien, abandonna aux héritiers
» le legs considérable qui lui avait
» été fait, et garda ses secrets. Beau-
» coup d'offres lui furent faites de
» la part des parens; mais toutes en

» vain : enfin, pour échapper à tou-
» tes leurs importunités et même à
» leurs menaces de l'attaquer en jus-
» tice, il entra au service du prince ;
» c'est alors auprès de celui-ci que
» s'est tourné l'héritier principal, ce
» marchand qui avait demandé à le
» voir, et qui a fait des offres encore
» plus considérables que les premiè-
» res, si Biondello voulait changer
» de système. Mais les instances du
» prince ont aussi été inutiles. Il
» lui a avoué, à la vérité, que des
» secrets de la nature de ceux que
» l'on suppose lui ont été confiés
» en effet. Il n'a pas nié non plus
» que le mort a peut-être été
» trop loin dans sa haine contre sa

» famille. « Mais, ajouta-t-il, il a été
» pour moi un bon maître, il a été
» mon bienfaiteur, et il est mort plein
» d'une ferme confiance dans ma pro-
» bité. Je suis le seul ami qu'il ait
» laissé dans le monde; d'autant plus,
» suis-je obligé à ne pas trahir son
» unique espérance.» En même temps
» il laissait voir que de telles dé-
» clarations sur les actions passées
» de son maître mort pourraient
» bien ne pas tourner à son hon-
» neur. Un tel langage n'est-il pas
» délicat et noble ?

» Aussi, vous pensez bien que le
» prince n'a pas persisté long-temps
» dans ses efforts pour le détourner
» de sentimens aussi louables. Cette

» fidélité si rare qu'il a montrée à
» son maître mort, lui a acquis la
» confiance illimitée du vivant.

» Vivez heureux, mon cher ami;
» combien je reporte avec regret mes
» souvenirs sur la vie paisible où vous
» nous avez trouvés ici et où vous
» nous avez été d'une ressource si
» agréable! Je crains, à vrai dire,
» que mes jours heureux à Venise
» ne soient déjà loin; et ce sera beau-
» coup s'il n'en est pas de même
» du prince.

» L'élément dans lequel il vit à
» présent n'est pas celui où il peut à
» la longue être heureux, et il n'est pas
» possible qu'une expérience de seize
» années ne m'éclaire pas. Adieu. »

Deuxième lettre.

(18 mai 19..)

« Je ne soupçonnais guère que
» notre séjour à Venise pût encore
» être bon à quelque chose ; il a
» sauvé la vie à un homme ; aussi
» je suis tout-à-fait réconcilié avec
» lui.

» Dernièrement, la nuit était fort
» avancée, lorsque le prince se fit
» reconduire du *Bucentaure* à son
» hôtel : deux domestiques, dont était
» Biondello, l'accompagnaient. Je ne
» sais comment il se fit que la litière,
» qui, apparemment, avait été rac-

» commodée avec trop de précipi-
» tation, se brisa, et le prince se vit
» obligé de faire à pied le reste du
» chemin. Biondello allait en avant.
» Le chemin conduisait par des rues
» obscures et écartées, et comme le
» jour allait poindre, les lanternes
» ou éclairaient à peine ou étaient
» tout-à-fait éteintes. Il s'était passé
» à peu près un quart d'heure, lors-
» que Biondello s'aperçut qu'il était
» égaré. L'aspect toujours le même
» des ponts qu'on rencontre à cha-
» que instant à Venise, l'avait trompé,
» et au lieu de traverser *Saint-Marc*,
» on se trouvait dans...

» C'était une des rues les plus dé-
» sertes, et, ni d'un côté ni de l'autre,

» on n'apercevait rien de vivant. Il
» fallait absolument retourner pour
» s'orienter, dans une rue principale.
» A peine eurent-ils fait quelques
» pas que, dans une rue voisine, ils
» entendirent crier au *meurtre*. Le
» prince, qui était sans armes, arra-
» che une canne des mains d'un do-
» mestique, et, avec ce courage in-
» trépide que vous lui connaissez,
» s'élance vers l'endroit d'où le cri
» était parti. Trois vigoureux co-
» quins étaient au moment d'en ter-
» rasser un quatrième, qui, avec son
» compagnon, ne se défendaient plus
» que faiblement. Le prince paraît
» à côté de lui, juste pour empêcher
» le coup mortel. Ses cris et ceux

» des domestiques firent perdre la
» tête aux assassins qui, s'effrayant
» de se voir surpris dans un lieu
» aussi écarté, abandonnèrent leur
» homme après une courte résistance,
» et prirent la fuite. Épuisé par la
» lutte et presque sans force, le blessé
» tomba dans les bras du prince. Son
» compagnon lui découvre qu'il a
» sauvé le marquis de Civitello, ne-
» veu du cardinal d'A.... Comme le
» marquis perdait beaucoup de sang,
» Biondello se hâta d'aller, aussi vite
» qu'il put, chercher un chirurgien,
» et le prince prit soin qu'il fût
» reporté au palais de son oncle qui
» était tout proche, et où il l'ac-
» compagna.

» Mais il avait été trahi par un
» domestique de la connaissance de
» Biondello. Dès le lendemain matin,
» le cardinal est venu le voir; c'était
» une ancienne connaissance du *Bu-*
» *centaure*. La visite a duré une
» heure. Le cardinal était dans une
» grande émotion lorsqu'il est sorti :
» les larmes mouillaient ses yeux, et
» le prince aussi était ému. Ce soir-
» là même il a été voir le malade,
» dont, au reste, le chirurgien espère
» beaucoup. Le manteau dans lequel
» il était enveloppé a amorti les coups
» et diminué leur force. Depuis lors
» il ne s'est pas passé de jour où il
» n'y ait eu quelque visite entre le
» prince et le cardinal, et une grande

» intimité a commencé à s'établir en-
» tre lui et cette maison.

» Le cardinal est un vénérable
» sexagénaire d'un port majestueux,
» plein de fraîcheur et de sérénité.
» On le regarde comme un des pré-
» lats les plus riches de toute la ré-
» publique. Il paraît qu'il a adminis-
» tré encore avec beaucoup d'activité
» son immense fortune, et que son
» économie, toute raisonnable, ne
» lui fait point dédaigner les plaisirs
» du monde. Ce neveu est son seul
» héritier; mais il n'est pas toujours
» dans la meilleure intelligence avec
» son oncle. . . . .
. . . . :

Ici se termine l'ouvrage de Schiller,

tel qu'il l'a laissé. Il s'était bien promis de le reprendre; mais les travaux importans, et sa mort, on peut dire prématurée, ne le lui ont point permis.

www.ingramcontent.com/pod-product-compliance
Lightning Source LLC
Chambersburg PA
CBHW070654170426
43200CB00010B/2231